Josef Franz Künzli

Die Erscheinung in Marienfried

MIRIAM-VERLAG

Inhaltsverzeichnis

VORWORT	6
Vorwort zur 4. Auflage	8

1. VORGESCHICHTE VON MARIENFRIED

Der Immaculata-Rosenkranz	10
Die Schönstatt-Gruppe	12
Die Kapelle	14

2. DIE BOTSCHAFT VON MARIENFRIED

Die Erscheinung vom 25. April 1946	20
Die Erscheinung vom 25. Mai 1946	20
Die Erscheinung vom 25. Juni 1946	26

3. RELIGIÖSE AUSDEUTUNG UND AUSWERTUNG DER BOTSCHAFT

Der Stern und das Zeichen Gottes	35
Die große Gnadenvermittlerin	37
Die Hilfe der Christenheit	38
Die Königin des Friedens	39
Die sternengekrönte Braut des Heiligen Geistes	40
Kreuzesliebe	41
Marienweihe und Herzenstausch	42

4. ERWÄHLUNG UND SENDUNG DURCH MARIA

Hingabe und Bereitschaft für Maria	44
Die Umwandlung in Christus durch Maria	45
Im Dienste Mariens für Welt und Kirche	48

DIE ERSCHEINUNG IN MARIENFRIED

„Das Heiligtum Marienfried
bedeutet für mich
eine Synthese der Marienverehrung
unserer Zeit.
Es gehört zu den vollkommensten
Marianischen Heiligtümern
der katholischen Kirche,
wo die Gottesmutter
so vielseitig verehrt wird."

Bischof Venancio Pereira, Fatima

> Wenn man die
> Botschaft von Marienfried
> genau studiert, dann ist es die
> Interpretation von Apokalypse 12, wo
> „der große, rote Drache"
> Krieg führt
> gegen die sonnenumkleidete Frau
> und sie und ihr Kind
> zu vernichten sucht.

Bischof Dr. Rudolf Graber am 25. 7. 1976

Titelbild:

Gnadenbild von Marienfried

7. Auflage 1985, 54. - 65. Tausend

© MIRIAM - VERLAG · D-7893 JESTETTEN

Alle Rechte der Übersetzung und auch der auszugsweisen Wiedergabe vorbehalten.

Gesamtherstellung:

Miriam - Verlag · D-7893 Jestetten

ISBN 3-87449-012-2

5. DIE BEDEUTUNG DER BOTSCHAFT FÜR DIE KINDER MARIENS

Marienfried und der Hl. Ludwig Maria Grignion	50
Marienfried und die Hl. Engel	53

6. DIE MARIANISCHE ENDZEIT

Paris 1830	58
La Salette 1846	61
Lourdes 1858	62
Fatima 1917	64
Amsterdam 1945–1959	67
Marienfried und die Offenbarung der göttlichen Liebe	71
Marienfried und die Apokalypse	76

7. DIE ENTWICKLUNG MARIENFRIEDS

Bau und Einweihung der Kapelle	82
Die kirchliche Untersuchung	86
Marienfried in der Bewährung	87
Marienfried entfaltet sich	88
Marienfried wird ein Gebetsort	89
Der Gottesraub im Heiligtum Marienfried	92

ANHANG   99

VORWORT

Seit Jahren beschäftigt sich die kirchliche Öffentlichkeit, insbesondere der Diözese Augsburg, über das Geschehen in Marienfried, Pfarrei Pfaffenhofen. Zahlreiche Pilger von nah und fern, sogar vom Ausland, kommen Jahr für Jahr dorthin, nicht bloß um zu beten, sondern auch um sich über seine Entstehung, seine religiöse Aussage und seine Gnadenwirkung zu orientieren.
Immer wieder fragen sie nach einer umfangreichen Darstellung über die Entstehung von Marienfried, die kirchliche Stellungnahme zur Botschaft und ihren religiösen Wert. Eine Antwort darauf will dieses Büchlein geben.

Als Nichttheologe bin ich mir der Schwierigkeit dieses Versuches bewußt. Da aber von seiten der zuständigen Theologen noch nichts darüber geschrieben wurde, obwohl ein langjähriges Bedürfnis dafür besteht, habe ich es unternommen, diese Lücken mit einer einfachen Schilderung der Vorgänge und einer bescheidenen theologischen Deutung auszufüllen. Obwohl die Vorkommnisse vom zuständigen Bischof von Augsburg auf Grund des Gutachtens eines Fachtheologen, der im Auftrage des Bischofs die Ereignisse von Marienfried untersuchte, für nicht übernatürlich (also natürlich) gehalten werden, finden sich immer mehr Pilger, die an die Echtheit der Erscheinungen glauben.

Zu dieser Schar zähle auch ich. Dies möge der kritische Leser im weiteren berücksichtigen. Wenn daher in den folgenden Kapiteln die Erscheinungen als echt vorausgesetzt werden, so hat dies allein diese Bewandtnis. Als Verfasser spreche ich aus persönlicher

Erfahrung, als einer, der durch das Gnadenwirken Mariens zur Überzeugung gelangt ist. Aber ich achte und respektiere auch jede kritische Äußerung und Stellungnahme und nehme es niemanden übel, der aus irgendwelchen Gründen an die Echtheit nicht glauben kann.

Es besteht die Annahme, daß der Lauf der Jahre noch viele Menschen nach Marienfried bringen und viele von der Echtheit der Botschaften überzeugen wird, ohne daß die Kirche auch nur eine Stellungnahme zugunsten der Echtheit gefällt hat. Als maßgebendes Kriterium wird sich wohl das Schriftwort erweisen: „Jeder gute Baum bringt gute Früchte, der schlechte Baum aber bringt schlechte Früchte. An ihren Früchten werdet ihr sie erkennen." Daß Marienfried viele gute Früchte bereits gebracht hat, bezeugt der vermehrte Zustrom der Pilger von nah und fern.

Ich selbst kam vor vier Jahren erstmals nach Marienfried. Der Anlaß meines Kommens war nicht die idyllische Lage der Kapelle Marienfried, sondern ihr Geheimnis, das sich dem erschließt, der sein Herz für die Botschaft der Gottesmutter geöffnet hat. In reichem Maße durfte ich die Wirksamkeit der Gnadenmittlerin Mariens selbst erfahren. Es ist mir daher ein Herzensanliegen, mit diesem Büchlein auch anderen den Zugang zu Marienfried zu öffnen.

25. April 1970

Josef Franz Künzli

VORWORT ZUR 4. AUFLAGE

Es war vor zehn Jahren, als mir die „Botschaft von Marienfried" wie zufällig in die Hände kam. Was ich beim Lesen empfand, kann ich nicht wiedergeben – ich wurde vom Inhalt der Botschaft zutiefst ergriffen und bekam die Gewißheit, daß dies wirklich die Botschaft der Gottesmutter für die Rettung der Welt und der Seelen ist. Ich war ganz außer mir vor Ergriffenheit und unsagbarer Freude. Immer wieder habe ich seitdem die Botschaft gelesen und nach besten Kräften mich bemüht, danach zu leben. Oft besuchte ich auch den Erscheinungsort Marienfried, um vor dem Gnadenbild zu beten. Es war für mich immer ein großes und tiefes Erlebnis, denn die Gnadenmutter von Marienfried geizte nicht mit ihren „verborgenen Wundern", die sie ja an den Seelen wirken will.

Ich will nun mit Freimut und Dankbarkeit bekennen, daß ich die verborgenen Gnadenwunder erleben durfte, wie sie Maria in ihrer Botschaft verheißen hat. Dies gibt mir Mut und Veranlassung, für die Echtheit der Botschaften einzutreten, denn ich kann unmöglich verschweigen, was für die Rettung der Seelen und der Welt von größtem Nutzen ist. Ich wäre mehr als ein Verräter und nicht wert, weiterhin ein Kind Mariens zu sein.

An alle Leser richte ich daher die Bitte: Lest die Botschaften mit *dem Herzen*. Bittet die wunderbare Mutter, damit sie ihnen das Herz erschließe, damit sie ihre „neue Botschaft" verstehen. Sie ist ein Geschenk – eine Gnade. Habt den heißen Wunsch, ein „wirkliches Kind Mariens" gleichsam aus Fleisch und Blut zu werden und vollzieht durch die Ganzhingabe den „Herzenstausch mit Maria". Es ist leider nur „eine kleine Schar" die diese Botschaft richtig versteht und auswertet, doch diese kleine Schar ist berufen, die Sache Christi zum Siege zu führen.

Der Leser soll noch wissen, daß die Kirche die Botschaft von Marienfried weder als echt noch als unecht erklärt hat, weil Beweise, die die Echtheit bestätigen könnten, z. B. ein sichtbares Wunder, in dem Bereich des Materiellen liegen und hier nicht zutreffen. Hier wirkt die Gottesmutter Wunder an den Seelen, und dies zudem noch „im Verborgenen – nur ihren Kindern sichtbar". Daher liegt es an jedem Einzelnen, sich selbst die Gewißheit zu verschaffen, ob wirklich die Gottesmutter gesprochen hat. Deshalb gilt allen meine innige und herzliche Einladung: „Kommt und seht, erlebt und verkostet wie groß und einmalig die Heiligste Dreifaltigkeit Maria als „wunderbare Mutter" zur Rettung der Welt und der Seelen mit allen Gnaden ausgestattet hat. Laßt euch von ihr beschenken, tretet herzu mit gläubigem und kindlichem Herzen, und ihr werdet das Wunder erleben.

Am Fest Maria Himmelfahrt, 15. August 1976

                                                    Der Verfasser

VORGESCHICHTE VON MARIENFRIED

Der Immaculata-Rosenkranz

Am Pfingstmontag, dem 13. Mai 1940, machte Bärbel Rueß von Pfaffenhofen einen Spaziergang in den Wald. Sie war damals 16 Jahre alt. Sie machte gerne kleine Wanderungen und ging öfters zu dem Waldgrundstück, das ihrem Vater gehörte. Dieses liegt in der Nähe von Marienfried. Am Tage zuvor, am Pfingstsonntag, war sie auch den Weg gegangen und hatte während des Spazierganges den Rosenkranz gebetet. Aber ohne es zu merken, hatte sie ihn verloren. Sie legte also wieder den gleichen Weg zurück, um den Rosenkranz zu suchen.

Während sie des Weges ging und überlegte, welchen Rosenkranz sie heute beten solle, ob den glorreichen oder freudenreichen, gesellte sich eine Frau zu ihr. Nach kurzer Begrüßung sagte sie zu Bärbel: „Du überlegst dir, welchen Rosenkranz du beten sollst. Ich will dich einen anderen Rosenkranz lehren und mit dir beten." Bärbel fragte: „Woher wissen Sie, was ich eben gedacht habe und wer sind Sie?" Die Frau antwortete: „Das zu wissen ist nicht wichtig. Wenn du diesen Rosenkranz fleißig betest, wirst du mich besser kennenlernen. Dann lehrte sie Bärbel den Immaculata-Rosenkranz. An Stelle der bekannten Rosenkranz-Geheimnisse werden folgende Anrufungen eingefügt:

Durch deine Unbefleckte Empfängnis, rette uns!
Durch deine Unbefleckte Empfängnis, schütze uns!
Durch deine Unbefleckte Empfängnis, leite uns!
Durch deine Unbefleckte Empfängnis, heilige uns!
Durch deine Unbefleckte Empfängnis, regiere uns!

Die Frau aber wollte mit Bärbel diesen Rosenkranz für das „Vaterland" beten, das damals, von Hitler regiert, sich im 2. Weltkrieg befand und Sieg um Sieg errang und Land um Land unterjochte. In diesem großen Anliegen bat die Frau Bärbel zu beten und betete mit ihr den Immaculata-Rosenkranz für das Vaterland. Sie sagte, man könne die Intension (Name) immer gleich miteinfügen und betete mit Bärbel wie folgt:

„Gegrüßest seiest du Maria . . .
 durch deine Unbefleckte Empfängnis, rette unser Vaterland!

Nachdem die zehn Ave Maria gebetet waren, folgte das zweite Gesätzchen mit der Einfügung: Durch deine unbefleckte Empfängnis, schütze unser Vaterland!

Dann das dritte mit der Einfügung: Durch deine Unbefleckte Empfängnis, leite unser Vaterland! Dann das vierte und fünfte, in denen die Worte „heilige" und „regiere" eingefügt wurden. Die Frau sagte auch, daß man je nach Anliegen die Intension wählen soll, sei es für eine einzelne Person oder für eine Gemeinschaft. (Also Name jeweils gleich einfügen, wenn man privat für eine Person oder eine bestimmte Gemeinschaft betet. Für gewöhnlich genügt das „uns", da hinein kann beim Gemeinschaftsgebet jedes selbst die Intension legen.)

Während des Rosenkranzgebetes fiel Bärbel auf, daß die Frau nur einen Teil des Rosenkranzes betete, das „Vaterunser . . ." und „Ehre sei dem Vater . . .".

Nachdem sie den Rosenkranz gebetet hatten, entfernte sich die Frau und ging auf einem Seitenweg in eine andere Richtung.

Bei Bärbel hinterließ das Gesicht dieser einfach gekleideten Frau einen unvergeßlichen Eindruck. Es ging von ihr eine ungewöhnliche Anziehungskraft des Geistigen, Reinen und Gütigen aus, so daß Bärbel in sich das Verlangen verspürte, diese Frau näher kennenzulernen und ihr nochmals zu begegnen. Sie betete nun häufig den Immaculata-Rosenkranz. Sie behielt aber das Erlebnis mit der Frau still für sich und sprach mit niemandem darüber. Erst etwa fünf Jahre später hat sie ihrer Freundin Anna Humpf davon erzählt.

Die Schönstatt-Gruppe

Am Fest des hl. Erzengels Michael, am 29. Sept. 1943, übernahm Pfarrer Martin Humpf die Pfarrei Pfaffenhofen. Seine Schwester Anna unterstützte ihn in seiner Arbeit nicht nur als Haushälterin, sondern auch als Seelsorgshelferin. Als solche kümmerte sie sich um die weibliche Jugend. Pfaffenhofen zählte damals 1300 Einwohner.
Als nun Pfarrer Humpf seine Tätigkeit aufgenommen hatte, begann seine Schwester Anna mit der Jugendarbeit. Sie erfaßte einige Mädchen, die hin und wieder abends im Pfarrhaus zusammenkamen. Sie nannten die Zusammenkünfte einfach ‚Singstunde', um mit den Gesetzen des Dritten Reiches nicht in Konflikt zu kommen. Es war schwierig, die Jugend religiös zu erziehen, weil das nationalsozialistische Regime die Jugend kirchenfeindlich zu beeinflussen suchte.
Zur ‚Singstunde' kamen etwa 20 Mädchen im Alter von 15–25 Jahren zusammen, die eifrig mitmachten. Im Frühjahr und Sommer wurden gelegentlich auch Radtouren unternommen. Anna Humpf verstand es, die Mädchen zu führen und zu begeistern. Sie mach-

ten daher gerne mit und fanden in der religiösen Unterweisung ein Ideal: Maria!
Anna Humpf war von Jugend auf in der Schönstatt-Bewegung tätig. Dies ist eine religiöse apostolische Bewegung, die das Marienbild zum Erziehungsprinzip macht. Anna wollte die Mädchen auch für diese Geisteshaltung gewinnen und hatte besten Erfolg. Das aufgezeigte Ideal nahm die Mädchen in Bann und formte ihr weiteres Leben.
Eines der Mädchen war Bärbel Rueß. Um ein möglichst klares und den wirklichen Begebenheiten zutreffendes Bild über Bärbel zu geben, will ich wortgetreu berichten, was Anna Humpf aus der damaligen Zeit niedergeschrieben hat:
,,Mir persönlich war Bärbel anfangs nur bekannt vom Gottesdienst in der Pfarrkirche. Sie kam manchmal neben mir zu knien, und es fiel mir von Anfang an auf, mit welcher Sammlung und Innerlichkeit dieses junge Mädchen beten konnte. Sie ging auch fast immer zur hl. Kommunion, was damals nur wenige Gläubige taten. Bärbel kam anfangs nicht in die ‚Singstunde', denn sie war schwer krank.
Im Jahre 1945 kam sie dann zu unseren Zusammenkünften und hat in ihrer originellen Art mitgeholfen, eine schöne Gemeinschaft zu schaffen.
Später einmal gestand sie mir: Deshalb, weil ich immer wieder an der Gottesmutter das Frauen- und Mädchenideal aufgezeigt hätte, sei sie zur Mädchengruppe gekommen.
Sie war aber eines der kritischsten Mitglieder, das gerade wegen Schönstatt viele Bedenken und Einwände vorbrachte. Vom 25. November bis 2. Dezember 1945 hatten wir eine religiöse Woche in der Pfarrei durch Pater Bezler von Schönstatt, welcher der Standesleiter

der weiblichen Schönstatt-Jugend war. Er hielt gleichzeitig neben den Morgen- und Abendpredigten tagsüber für die weibliche Jugend Einführungsvorträge über die Schönstatt-Bewegung. Pater Bezler ist bekannt als ein nüchterner, klarer Denker, der nicht mit Gefühls-, sondern mit Verstandesargumenten zu überzeugen versteht. Gerade diese Art sprach Bärbel an.
Bei den Aussprachekreisen merkte ich aus Bärbels Fragen noch manche Zweifel im Hinblick auf Schönstatt. Aber sie setzte sich ehrlich damit auseinander. Unter anderem fragte sie auch, ob jemand, der sich schon früher der Gottesmutter ganz geweiht habe, sich nun neu im Sinne des Liebesbündnisses der Gottesmutter weihen könne. Nachdem Pater Bezler das alles einleuchtend erklärt hatte, war sie zufrieden und man spürte, daß sie am 2. Dezember die Weihe ganz bewußt mitmachte."

Die Kapelle

In den Maipredigten des Kriegsjahres 1944 hatte Pfarrer Humpf die Anregung gegeben, angesichts der drohenden Katastrophe der Gottesmutter ein Gelübde zu machen. Wenn sie die Pfarrei Pfaffenhofen beschütze, wolle man ihr zum Dank eine Kapelle bauen. Die Gefahr für Pfaffenhofen war wirklich groß. Täglich überflogen feindliche Flieger die Gegend und niemand war mehr sicher. Wenige Monate zuvor war Ulm durch Luftangriffe zerstört worden. Im nächsten Umkreis von Pfaffenhofen waren wichtige militärische Ziele. Eine strategisch wichtige Rückzugsstraße

der deutschen Truppen führte über Pfaffenhofen. Fast jede Woche standen Militärfahrzeuge auf dem Kirchplatz herum. Man mußte mit dem Schlimmsten rechnen. Dadurch erhöhte sich die Gefahr der Zerstörung für Pfaffenhofen.
Wer konnte Rettung bringen?
In dieser Situation wandte sich die Pfarrgemeinde Pfaffenhofen an die Helferin der Christenheit, nicht nur im Gebet, sondern auch mit dem Gelöbnis, ihr eine Dankkapelle zu bauen, wenn sie Hilfe bringen würde.
Pfarrer Humpf hatte den Vorschlag auch deswegen gemacht, weil er von seinen jungen Priesterjahren an sich bei seiner Pfarrei ein kleines Marienheiligtum gewünscht hatte. So trafen sich die gläubige Sicht und Deutung der Not, die zur Gottesmutter drängte, mit dem Lieblingswunsch des Pfarrers, um das Versprechen an die Gottesmutter auszulösen.
Das Vertrauen der Pfarrgemeinde wurde nicht enttäuscht. Das Kriegsende ging ohne wesentlichen Schaden an Pfaffenhofen vorüber. Die für Pfaffenhofen bestimmten schweren Sprengbomben fielen in den nahen Wald, wo sie mehrere große Krater verursachten. Eine dieser Bomben hätte genügt, das Zentrum von Pfaffenhofen zu zerstören. War diese Rettung nicht die Antwort der Gottesmutter auf das Gelübde? Die Gegenleistung der Pfarrgemeinde konnte nicht anders lauten als die Erfüllung des gemachten Versprechens. Die ganze Pfarrei war bereit, der Gottesmutter die versprochene Kapelle zu bauen. Wo aber sollte sie zu stehen kommen? Südöstlich von Pfaffenhofen zieht sich ein bewaldeter Hügel hin. Was wäre schöner, als die Kapelle an den Waldesrand zu bauen.

Es wurden zwei Plätze, der eine am Westrand, der andere am Ostrand des Waldes, vorgeschlagen.
Es war in Pfaffenhofen üblich, daß die Erstkommunion-Kinder am Weißen-Sonntag-Nachmittag mit dem Pfarrer einen Ausflug zu einer Lourdeskapelle machten. In diesem Jahr wollte man auf dem Platz der künftigen Kapelle eine Feierstunde zu Ehren der Gottesmutter halten. Dazu mußte der Platz etwas hergerichtet werden.
Anna, die Schwester des Pfarrers, bereitete ein Bild der Gottesmutter von Schönstatt für den Bildstock vor. Lassen wir aber wieder, um die Geschehnisse vom 25. April in aller Originalität zu erfahren, Frl. Anna Humpf selbst berichten:
Als wir am 25. April hinausgingen, nachmittags drei Uhr, der Pfarrer, Bärbel (22 Jahre), und ich (26 Jahre), um den Platz endgültig auszuwählen und zu roden, hatte ich auch das Schönstattbild mitgenommen. Der Pfarrer wollte es nur als ‚Notlösung' am Bildstock anbringen, denn er wollte eine holzgeschnitzte Madonna in der Kapelle haben. Diese war aber noch beim Restaurator und wurde zum 25. April nicht fertig. Ich selbst dachte: Was der Gottesmutter einmal geschenkt ist und was sie in Besitz genommen hat, das wird sie auch behalten. Daß etwas Besonderes oder Außergewöhnliches geschehen könnte oder sollte, damit rechnete keiner von uns. Die für den Kapellenbau vorgeschlagenen zwei Plätze schienen beide gleich geeignet, so daß die Wahl schwer fiel.
Auf dem Weg vom einen zum anderen Platz erzählte uns der Pfarrer von der Entstehung der römischen Marienkirche ‚St. Maria Maggiore'. Dabei äußerte er: ,,Jetzt sollte man halt wissen, welcher Platz der richtige ist. So ein Zeichen wie in Rom würde die Wahl er-

leichtern". Dabei dachte er aber an etwas ganz Natürliches, das ein Hinweis sein könnte; z. B. wenn jemand vorbeikommen und diesem Platz zustimmen würde. Wir gingen also gemeinsam auf den zuerst besuchten Platz zurück und beteten dabei den Rosenkranz. Dort angelangt, begannen wir um einen schönen jungen Traubenkirschenbaum den Platz zu roden. An diesem Baum wollten wir dann das mitgebrachte Bild befestigen.

Der Pfarrer, Bärbel und ich waren ganz vertieft in unsere Arbeit und dachten in keiner Weise an irgend etwas Besonderes, sondern plagten uns redlich ab. Der Pfarrer rodete mit der Kreuzhaue das große Gestrüpp, und wir beide hackten und jäteten die vielen Brennesseln und sonstiges Unkraut im Schweiße des Angesichtes aus. Die Annahme, daß wir dabei eine Erscheinung konstruiert hätten, ist völlig absurd. Was sich dabei ereignete, war wie ein Blitz aus heiterem Himmel, völlig unerwartet und uns selbst unbegreiflich. Bärbel schaffte links, einen Meter neben mir. Plötzlich richtete sie sich horchend auf: ,,Da hat doch jemand gerufen!" Ich hatte nichts gehört. ,,Doch", und geht etwas in das Gebüsch, steht da, mir noch sichtbar, und spricht und schaut, wie wenn da jemand vor ihr stünde.

Ich denke noch gar nichts dabei, sondern mache weiter in der Arbeit. Sie kommt nach ein paar Minuten und sagt ganz freudig und erregt: ,,Hast du die Frau gesehen? Das ist die Frau, die ich damals gesehen und die mich den Immaculata-Rosenkranz gelehrt hat. Ich konnte sie nie vergessen. Ich möchte nur wissen, was das für eine Frau ist, aber sie sagt es mir nicht." Ich sagte, daß ich nichts gesehen habe, hätte aber auch gar nicht aufgepaßt.

Wir arbeiteten dann fest weiter, um das Unkraut wenigstens rund um den Baum herauszubekommen. Nach etwa einer halben Stunde sagte Bärbel: „Jetzt ruft sie wieder." Ich sagte: „Wer denn?" Bärbel: „Das muß die Frau sein." Sie wurde auch ein drittes Mal gerufen. Ich sagte: „Geh halt hin, wenn sie dich ruft." Bärbel: „Nein, ich mag nicht. Die redet immer so Sachen, die ich nicht verstehe. Die soll reden, daß man sie versteht. Ich rede auch, daß man mich versteht." Ich entgegnete: „Wenn dich jemand gerufen hat, mußt du hingehen."
Darauf ging sie so fünf bis sechs Schritte weg nach rechts, stand da und sprach mit einem uns unsichtbaren Gegenüber. Mein Bruder sagte halblaut zu mir, ziemlich befremdet: „Was hat denn die?" Ich selbst war zuerst ganz sprachlos, schüttelte den Kopf und horchte zu, was Bärbel zwischendurch sagte: „Wer sind Sie denn? Wo wohnen Sie?" Dann schüttelte sie den Kopf wie über etwas ganz Unverständliches und sagte: „Das verstehe ich nicht. Woher wissen Sie denn das? Ja, das war vor sechs Jahren, am Pfingstmontag." – Dann horchte sie wieder und antwortete: „Ja, das war heute vor einem Jahr beim Einmarsch der Amerikaner" – und horchte wieder ein Weilchen. Mein Bruder fragte mich leise: „Was hat denn die Bärbel?" Ich sagte: „Die sieht etwas, was wir nicht sehen." Sie stand diesmal nur etwa vier Meter von uns entfernt, schaute und redete.
Dann drehte sie sich ruckartig um und sagte mit großer Überzeugung: „Aber jetzt habt ihr sie auch gesehen." Der Pfarrer sagte: „Wen denn?" Bärbel: „Ja, die Frau, hier ist sie doch gestanden, die müßt ihr doch gesehen haben."
Wir schüttelten den Kopf und sagten: „Nichts haben

wir gesehen." Da wurde Bärbel ganz heftig und sagte: „Aber da – an der Stelle, da ist sie doch gestanden" und zeigte genau auf den Boden. „Ich sehe doch keine Gespenster. Und sie hat zu euch ja auch etwas gesagt." – „Was denn?" Bärbel: „Der Friede Christi sei mit euch und mit allen, die hier beten."
Wir beteuerten nochmals, nichts gesehen und gehört zu haben. „Ach was", sagte sie, „ich habe doch meinen gesunden Verstand, ich weiß doch, was ich gesehen habe." – Sie war ganz aufgebracht über uns.
In diesem Augenblick kamen fünf bis sechs Mädchen aus der Gruppe, die nach Feierabend auch helfen wollten, den Platz für das Bildstöckchen herzurichten. Wir sprachen daher nichts mehr über das Erlebte. Erst am nächsten Morgen nach der hl. Messe berichtete Bärbel darüber im Pfarrhaus.
Als man in den Wochen darauf im kleinen Kreis überlegte, welcher Name für den Ort und die Kapelle am besten passen würde, ergab sich die Bezeichnung ‚Marienfried'. Aus der äußeren Lage in der Stille und im Frieden des Waldwinkels – aus der Not der Zeit und der Sehnsucht nach echtem Frieden, und aus dem bedeutungsvollen Satz der Frau: „Der Friede Christi sei mit euch und mit allen, die hier beten" – wurde dieser Name gewählt.

DIE BOTSCHAFT VON MARIENFRIED

Die Erscheinung vom 25. April 1946

Als Pfarrer Humpf Bärbel fragte, was die Frau im Wald zu ihr gesagt habe, sagte sie: ,,Auf meine Frage, wer sie sei und wo sie wohne, antwortete sie: ,*Wenn ich den Schleier nicht hätte, würdest du mich kennen.*' Es war die gleiche Frau, die ich am Pfingstmontag im Jahre 1940 auf dem Wege zum Walde getroffen habe und nicht kenne. Sie sprach Worte, die ich nicht verstehe:
,*Ich bin das Zeichen des lebendigen Gottes. Ich drücke mein Zeichen meinen Kindern auf die Stirne. Der Stern wird mein Zeichen verfolgen. Mein Zeichen aber wird den Stern besiegen.*
Dort, wo das meiste Vertrauen ist und wo man die Menschen lehrt, daß ich bei Gott alles kann, werde ich den Frieden verbreiten. Dann, wenn alle Menschen an meine Macht glauben, wird Friede sein.'
Beim Abschied sagte die Frau:
,*Der Friede Christi sei mit euch und mit allen, die hier beten.*'"
Der Pfarrer meinte nun: ,,Diese Aussagen passen für niemanden anderen, als für die Mutter des Herrn." Bärbel aber konnte sich dieser Meinung noch nicht anschließen.

Die Erscheinung am 25. Mai 1946

Am Morgen des 25. Mai 1946 wurde Bärbel vom Engel, der öfters zu ihr kam und sich selbst den Engel der großen Gnadenvermittlerin nannte, aufgefordert, an diesem Tag nach Marienfried zu kommen. Nach der hl. Messe bat Bärbel Anna, die Schwester des Pfarrers, mitzukommen.

Im Laufe des Vormittags jedoch sandte sie Anna ein Briefchen durch ihre kleine Schwester, in dem sie mitteilte, sie gehe nicht nach Marienfried, denn sie halte alles für eine Täuschung. Durch die nachdrückliche Mahnung des Pfarrers, den Auftrag des Engels, dem sie bisher immer Folge geleistet habe, zu erfüllen, ließ sich Bärbel endlich schweren Herzens dazu bewegen, doch nach Marienfried zu gehen.

Kurz nach 17 Uhr gingen beide hinaus. Sie schmückten den Bildstock mit Blumen und beteten eine geraume Zeit. Bärbels Vater kam nun zufällig mit dem Auto vorbei. Als Besitzer eines Sägewerkes hatte er viel im Walde zu tun. Bärbel sagte nun zu Anna: ,,Komm, wir fahren heim." Anna jedoch war darüber nicht erfreut, denn das Autofahren bekam ihr meistens schlecht. Zudem waren ja die Waldstraßen sehr holprig und uneben. Anna sagte: ,,So pressiert es doch nicht." Sie wollte eben auch noch länger beten. Und so blieben sie und fuhren nicht mit dem Auto zurück. Marienfried ist ja nur etwa 10 bis 15 Minuten von Pfaffenhofen entfernt.

Auf einmal sah Bärbel neben dem Baum den Engel, wie er mit dem Finger zur rechten Seite hinüber zeigte. Hier sah Bärbel wieder die geheimnisvolle Frau stehen. Sie beschreibt sie später wie folgt: ,,Sie war ganz weiß gekleidet, hatte einen weißen Mantel an, ähnlich einem Umhang. Die Haare waren dunkel und in der Mitte gescheitelt, die Augen auch dunkel. Es war ein so schönes Leuchten in ihren Augen, in ihrem ganzen Gesicht, so eine Klarheit, Reinheit und Güte."

Das war Bärbel früher nicht so aufgefallen wie jetzt.

In der Erscheinung vom 25. April sagte die Frau: „Wenn ich den Schleier nicht hätte, würdest du mich erkennen." Damit war natürlich kein eigentlicher Schleier gemeint, sonst hätte Bärbel ihn ja gesehen. Ihre Augen waren einfach gehalten, so daß sie Maria nicht gleich erkannte, so wie es den Emmaus-Jüngern in Gegenwart des Herrn geschah.

Nun schien es, als wollte Maria den Schleier langsam lüften. Bärbel wurde vom Anblick der Frau ganz gefangen genommen, und plötzlich glaubte sie, Maria vor sich zu sehen. Sie rief laut: „Maria!"

Die Frau begann nun zu ihr zu sprechen:
„Ja, ich bin die große Gnadenvermittlerin. Wie die Welt nur durch das Opfer des Sohnes beim Vater Erbarmen finden kann, so könnt ihr nur durch meine Fürbitte beim Sohne Erhörung finden. Christus ist deshalb so unbekannt, weil ich nicht bekannt bin. Deshalb goß der Vater seine Zornesschale über die Völker aus, weil sie seinen Sohn verstoßen haben. Die Welt wurde meinem unbefleckten Herzen geweiht, aber die Weihe ist vielen zur furchtbaren Verantwortung geworden. Ich verlange, daß die Welt die Weihe lebt. Habt restloses Vertrauen auf mein unbeflecktes Herz! Glaubt, daß ich beim Sohn alles kann!

Setzt an die Stelle eurer sündigen Herzen mein unbeflecktes Herz, dann werde ich es sein, die die Kraft Gottes anzieht, und die Liebe des Vaters wird Christus neu in euch zur Vollendung bilden. Erfüllt meine Bitte, damit Christus bald als Friedenskönig herrschen kann!"

Danach wurde Bärbel etwas gesagt, was sie als Geheimnis bewahren muß. Dann fuhr die Frau zu sprechen fort:
„Die Welt muß den Zornesbecher bis zur Neige trinken wegen der unzähligen Sünden, wodurch sein Herz beleidigt

wird. Der Stern des Abgrundes wird wütender toben denn je und furchtbare Verwüstungen anrichten, weil er weiß, daß seine Zeit kurz ist und weil er sieht, daß sich schon viele um mein Zeichen geschart haben. Über diese hat er keine Macht, wenn er auch den Leib vieler töten wird. Aber aus diesem für mich gebrachten Opfer erwächst meine Macht, die restliche Schar zum Sieg für Christus zu führen. Einige ließen sich mein Zeichen schon eindrücken und es werden immer mehr werden. Euch meinen Kindern will ich sagen: Vergeßt in den blutigsten Tagen nicht, daß gerade dieses Kreuz eine Gnade ist und dankt dem Vater immer wieder für diese Gnade!

Betet und opfert für die Sünder! Opfert euch selbst und euer Tun durch mich dem Vater auf! Stellt euch restlos zu meiner Verfügung! Betet den Rosenkranz! Betet nicht so sehr um äußere Güter! Es geht heute um mehr. Erwartet auch keine Zeichen und Wunder! Ich will im Verborgenen wirken als die große Gnadenvermittlerin. Den Frieden der Herzen will ich euch vermitteln, wenn ihr meine Bitten erfüllt. Nur auf diesem Frieden wird sich der Friede der Völker aufbauen können. Dann wird Christus als Friedenskönig über alle Völker herrschen."

Nach diesen Worten trug die Frau Bärbel auf, diese Botschaft der Welt kundzutun. Bärbel jedoch entgegnete: ,,Ich kann mir das nicht alles merken." Die Frau erwiderte: ,,Zur rechten Zeit findest du die rechten Worte wieder."

Es zeigte sich nun in den folgenden Wochen und Monaten, daß Bärbel die Worte der Botschaft wie eingemeißelt in sich trug. Ohne Mühe konnte sie die Worte der Frau, ohne das Gedächtnis anstrengen zu müssen, wortgetreu hersagen. Und dies natürlich, ohne die Botschaft auswendig gelernt zu haben. Während der Erscheinung, sowie unmittelbar danach, wurde die

Botschaft nicht notiert. Bärbel und Anna hatten auch kein Schreibzeug mitgenommen, da sie ja keine Ahnung hatten, warum Bärbel durch den Engel nach Marienfried gebeten wurde.

Bezüglich des erteilten Auftrages sprach die Frau noch folgendes zu Bärbel:

„Der Teufel wird nach außen solche Macht bekommen, daß alle, die nicht fest in mir gegründet sind, sich täuschen lassen.

Es wird eine Zeit kommen, da wirst du ganz allein stehen und furchtbar verleumdet werden, denn der Teufel weiß die Menschen zu blenden, daß sich sogar die Besten täuschen lassen. Aber du sollst alles auf das Vertrauen gründen.

Überall, wo die Menschen nicht auf mein unbeflecktes Herz vertrauen, hat der Teufel Macht. Wo aber die Menschen an die Stelle ihrer sündigen Herzen mein unbeflecktes Herz setzen, hat er keine Macht. Er wird aber meine Kinder verfolgen. Sie werden verachtet werden, aber er kann ihnen nichts anhaben."

Als Bestätigung für die Wirklichkeit der Erscheinung hieß die schöne Frau Bärbel auf den Kellerberg (auf dem Weg von Pfaffenhofen nach Beuren) zu gehen. Sie sagte:

„Dort ist ein Mann in größter Not, dem sollst du helfen. Schicke ihn hierher, hier wird ihm geholfen werden. Dies soll ein Zeichen dafür sein, daß du keiner Täuschung unterliegst."

Bezüglich des angstvollen Zweifels am Morgen, daß alles furchtbare Täuschung sein könnte, sagte die Erscheinung zu Bärbel:

„Schau, heute morgen habe ich dich ganz allein gelassen, da war meine Gnade nicht bei dir. Es wird noch oft so sein. Ich brauche Opfer. Die größten Gnaden müssen durch solche Leiden erkauft werden."

Danach sagte die Frau: *„Am Fest des hl. Abtes Wilhelm sollst du wieder kommen."*
Nach dem Gespräch sprach der Engel, der dabeistand, ein Gebet zur Muttergottes mit verschiedenen Anrufungen, von denen einige lauteten:
„Wirke als Mutter der Gnaden. Wirke als wunderbare Mutter wunderbare Gnaden . . . du Weg zum Frieden . . . du vertrauenswürdige Mutter . . . Rettung der Christenheit . . .
Du große – du getreue – du aller Gnaden Vermittlerin!"
Zwischen den einzelnen Anrufungen antwortete Bärbel immer: „Bitt' für uns!"
Dann sagte der Engel, zu Bärbel und Anna gewendet: *„Kniet nieder!"*
Nun gab die Gottesmutter den Segen und sprach dabei: *„Ich vermittle euch den Frieden Christi im Namen des Vaters und des Sohnes und des Heiligen Geistes."*
Während die Frau zu Bärbel sprach, sah sie aus wie anfangs. Die Hände hatte sie gefaltet. Als der Engel zu beten begann, wurde sie ganz hell und klar, unbeschreiblich schön. Sie breitete die Hände aus. Der Schein, der zuerst nur in ihrem Gesicht zu sehen war, verbreitete sich nun über ihre ganze Gestalt. Über dem Haupte waren dreifach übereinander lauter Strahlen sichtbar. Es sah aus wie eine Krone. Als sie den Segen gab, wurde sie ganz durchsichtig und noch viel heller als ein Strahl.
Bärbel mußte wegschauen, denn sie war wie geblendet von dem Anblick. Als sie wieder aufschaute, war die Erscheinung verschwunden.
Sogleich machte sich nun Bärbel auf den Weg und ging zum Kellerberg. Dort fand sie tatsächlich einen Menschen, der in großer seelischer Not schien und ganz verstört aussah. Unter seinem Gewand verbarg

er etwas. Bärbel fragte: „Was verbirgst du unter deinem Gewand?" Er antwortete: „Nichts". Bärbel: „Du hast einen Strick." Darauf erwiderte er: „Es ist so schwer, kannst du mir helfen?" Bärbel sagte nun zu ihm: „Ich kann dir selbst nicht helfen, aber ich führe dich an einen Ort, wo dir geholfen wird." Sie führte ihn nach Marienfried, wo sie ihn allein zurückließ. Auf dem Weg sagte er zu Bärbel, daß er es ganz ungewöhnlich finde, daß er sich von ihr so willig führen lasse. Er kenne sich selbst nicht mehr.
Am Abend gingen einige Mädchen zum Bildstöckchen. Sie fanden daran einen Strick hängen. Maria hat dem Mann geholfen.[1]

Die Erscheinung am 25. Juni 1946

Am 25. Juni 1946, am Feste des hl. Abtes Wilhelm, begleitete Pfarrer Humpf Bärbel und seine Schwester Anna zum Bildstöckchen. Das Vorgefallene hatten sie bis dahin streng für sich behalten. Sie wollten jede Sensation vermeiden und weiter abwarten, wie sich noch alles entwickelt.
Nachdem sie beim Bildstöckchen angelangt und einige Zeit still gebetet hatten, wollte Bärbel auf einmal wieder heimgehen. Anna redete ihr zu und bat sie, doch noch eine Weile zu bleiben. Gleich darauf sah

---

[1] Bärbel hat den Mann nicht nach Namen oder Wohnort gefragt. Er schien ein Italiener oder Pole zu sein, denn er sprach ein gebrochenes Deutsch. Er nannte sich Mario. Bärbel wollte nur den Auftrag der Gottesmutter erfüllen, nicht mehr. Alles andere wollte ja Maria als Beweis der Echtheit der Erscheinung selbst wirken.

Bärbel die Erscheinung und rief aus: „Maria, wie bist du schön!"
Darauf sprach die Gottesmutter:
„Ich bin die große Gnadenvermittlerin. Der Vater will, daß die Welt diese Stellung seiner Dienerin anerkennt. Die Menschen müssen glauben, daß ich als die dauernde Braut des Heiligen Geistes die getreue Vermittlerin aller Gnaden bin. Mein Zeichen ist im Erscheinen. So will es Gott. Nur meine Kinder erkennen es, weil es sich im Verborgenen zeigt, und geben dem Ewigen deswegen die Ehre. Meine Macht kann ich der großen Welt heute noch nicht offenbaren. Ich muß mich mit meinen Kindern zurückziehen. Im Verborgenen will ich Wunder an den Seelen wirken, bis die Zahl der Opfer voll ist. An euch liegt es, die Tage der Dunkelheit abzukürzen. Euer Beten und Opfern wird das Bild des Tieres zertrümmern. Dann kann ich mich aller Welt offenbaren zur Ehre des Allmächtigen. Wählt euch mein Zeichen, damit der Dreieinige bald von allen angebetet und geehrt werde.
Betet und opfert durch mich! Betet immer! Betet den Rosenkranz! Erbittet euch alles durch mein unbeflecktes Herz beim Vater! Wenn es zu seiner Ehre gereicht, wird er es euch geben. Betet den Immaculata-Rosenkranz, den gnadenreichen Rosenkranz, wie ich ihn dir gezeigt habe. Erfleht in ihm nicht vergängliche Werte, sondern erbittet Gnaden für einzelne Seelen, für eure Gemeinschaften, für die Völker, damit alle das göttliche Herz lieben und ehren.
Haltet den mir geweihten Samstag, so wie ich es gewünscht habe. Die Apostel und Priester sollen sich mir alle besonders weihen, damit die großen Opfer, die der Unerforschliche gerade von ihnen fordert, zunehmen an Heiligkeit und Wert, wenn sie in meine Hände gelegt werden.
Bringt mir viele Opfer! Macht euer Gebet zum Opfer! Seid uneigennützig! Es geht heute nur darum, daß dem Ewigen Ehre und Sühne werde. Wenn ihr euch restlos dafür einsetzt,

will ich für alles andere sorgen. Meinen Kindern will ich Kreuze aufladen, schwer und tief wie das Meer, weil ich sie in meinem geopferten Sohn liebe. Ich bitte euch, seid bereit zum Kreuztragen, damit bald Friede werde. Wählt euch mein Zeichen, damit dem Dreieinigen bald die Ehre wird!

Ich fordere, daß die Menschen meine Wünsche bald erfüllen, weil dies der Wille des himmlischen Vaters ist und weil es zu seiner größeren Ehre und Herrlichkeit heute und allzeit notwendig ist. Ein schreckensvolles Wehe verkündet der Vater denen, die sich seinem Willen nicht unterwerfen wollen."

Darauf gab die Gottesmutter Bärbel den Auftrag, diese *Botschaft* bekanntzumachen. Es sei dies ihre Botschaft an die Welt und man müsse die Menschen davon unterrichten. Sie sagte: „*Ich will, daß es die Menschen so erfahren, wie ich es gesagt habe, Wort für Wort. Du kannst es dir merken."*

Bärbel fragte, wie man das machen solle? Die Gottesmutter sagte:

„Sag den Menschen, daß ich eine neue Botschaft an die Welt habe. Äußere Umstände und Einzelheiten brauchen jedoch nicht gesagt zu werden. Es geht ja nur darum, daß die Menschen meinen Willen erfahren, der der Wille des Vaters ist. Die Geister werden sich an dieser Botschaft scheiden. Eine große Schar wird Anstoß daran nehmen. Eine kleine Schar aber wird sie richtig verstehen und auswerten. Diese wird darin meinen Willen erkennen und sich freuen.

Diese Schar hat meine Stellung in der heutigen Zeit erkannt und ihr viel Freude gemacht. In vielen Ländern hat diese Schar ihre Vertreter und diese werden mitsorgen, daß meine Botschaft verbreitet wird. Viele aus dieser Schar haben schon meine verborgenen Wunder sehen dürfen. Sie haben erkannt, daß ich die ‚Wunderbare Mutter' bin und geben mir unter diesem Titel die Ehre."

Die Gottesmutter sprach zu Bärbel auch davon, daß es sie besonders gefreut habe, daß es in ihrem Heimatlande gewesen sei, wo sich die ersten zusammengeschart hätten. (Bärbel stammt aus Bayern, wo die erste deutsche Marianische Kongregation entstand.)
Vom Pfarrer aufgefordert, bat nun Bärbel die Gottesmutter, sie möchte doch ein *sichtbares Zeichen* geben, damit die Menschen ihrer Botschaft Glauben schenken. Darauf erwiderte sie:

,,Ich gebe erst dann Zeichen, wenn die Menschen meinen Willen erfüllen. Dann wirke ich größere Wunder denn je, und zwar Wunder an den Seelen. Ich habe schon oft äußere Zeichen gegeben, und nur wegen der äußeren Zeichen sind viele gekommen.
Wir stehen vor einer Zeit, in der alle irre werden, die nur der sichtbaren Wunder wegen an sie glauben. Die Zeichen gereichen ihnen nur zur größeren Verantwortung."

Bärbel fragte nun, ob es ihr Wille sei, daß hier die Kapelle gebaut werde. Die Gottesmutter erwiderte:

,,Ich habe euren Wunsch erfüllt, haltet ihr euer Versprechen!"

Darauf fragte Bärbel, *welches Bild* man für die Kapelle nehmen solle. Die Erscheinung zeigte auf das Bild nebenan und sagte, man solle das Bild der ‚Dreimal Wunderbaren Mutter' nehmen, weil sich auch hier eine kleine Schar gesammelt hätte, die unter diesem Bild schon viel gebetet und geopfert habe.

,,Ich habe diese Opfer angenommen und will, daß noch viele unter dieses Bild geführt werden und als mir ‚geweihte Opfer' mir die Macht geben, das Reich des Friedenskönigs zu schaffen. Wenn diese Schar anfängt, meinen Willen zu erfüllen, dann werde ich von hier aus die ersten und größten

Wunder wirken. Dort, wo die Menschen zuerst meine Botschaft anerkennen und befolgen, dort werde ich die ersten und größten Wunder wirken, aber nur sichtbar meinen Kindern, weil sie sich im Verborgenen zeigen werden."

Dann forderte die Gottesmutter Bärbel zum Beten auf und sagte:

,,Meine Kinder müssen den Ewigen mehr loben und preisen und IHM danken. Dafür hat ER sie ja erschaffen: zu Seiner Ehre!"

Nach jedem Rosenkranz soll man die Anrufungen beten:

,,Du große, du getreue, du aller Gnaden Vermittlerin!"

,,Für die Sünder muß viel gebetet werden. Deshalb sollen sich ihr viele zur Verfügung stellen, damit sie ihnen ihre Aufträge zum Beten geben kann. Es sind so viele Seelen, die nur auf das Gebet meiner Kinder warten."

Nachdem die Gottesmutter aufhörte zu sprechen, war auf einmal eine große, unübersehbare Schar Engel um sie her.[1]

Sie hatten lange, weiße Kleider an, knieten auf der Erde und verneigten sich tief. Sie beteten ein eigenartiges Gebet, ein *Preisgebet zum Vater*. Am Anfang wurde von *,,einem neuen Lied"* gesprochen. Dann betete ein Teil der Engel ein anderes Gebet zum Vater. Wie ein Echo sprach eine Gruppe jeden Abschnitt nach. Wieder eine Gruppe, es waren sehr viele, riefen: *,,Heilig, heilig, heilig . . ."*

---

[1] So weit das Auge reichte, sah Bärbel unzählige weiße Gestalten. Dabei fiel ihr auf, daß ganz große und gewaltige unter ihnen waren.

Als das Gebet zu Ende war, forderte der Engel, welcher von Anfang an zugegen war, Bärbel auf, es nachzubeten.
Sie betete es nach und zwar in fließender Sprache, ohne daß sie dabei stockte. Nach dem Amen sprach der Engel:
„Du große Gnadenvermittlerin!"
Bärbel antwortete:
„Bitte für uns!"
Dann folgte in gleicher Weise ein Lob auf den Sohn. Zuerst ein herrliches Gebet von den weißen Gestalten, das am Anfang auch begann: „Ein neues Lied . . ."
Danach folgte ein anderes Gebet, das in gleicher Weise vorgetragen wurde wie das zum Vater. Bärbel betete es wieder nach. Dann folgte die Anrufung:
„Du getreue Gnadenvermittlerin!"
Bärbel antwortete:
„Bitte für uns!"
Es folgte in gleicher Weise ein Lobpreis auf den Heiligen Geist mit der Anrufung:
„Du aller Gnaden Vermittlerin!"
Bärbel antwortete:
„Bitte für uns!"
Dieses Preisgebet an die heiligste Dreifaltigkeit hat Bärbel laut vorgebetet. Während Pfarrer Humpf und seine Schwester bei der Zwiesprache mit der Erscheinung nichts vernahmen, sondern nur gewahrten, wie Bärbel die Lippen bewegte, hörten sie Bärbel das Preisgebet deutlich und in fließendem Rhythmus sprechen. Pfarrer Humpf hat es mitstenographiert. Es lautet:

Heil Dir, ewiger Herrscher,
lebendiger Gott, allzeit Gewesener,
furchtbarer und gerechter Richter,

immer gütiger und barmherziger Vater!
Dir werde neu und allzeit Anbetung,
Lobpreis, Ehre und Herrlichkeit
durch Deine sonnengehüllte Tochter,
unsere wunderbare Mutter! Amen.
„Du große Gnadenvermittlerin:"
– „Bitte für uns!"

Heil Dir, geopferter Gottmensch,
blutendes Lamm, König des Friedens,
Baum des Lebens, Du unser Haupt,
Tor zum Herzen des Vaters,
ewig aus dem Lebenden Geborener,
in Ewigkeit mit dem Seienden herrschend!
Dir werde neu und allzeit Macht
und Herrlichkeit und Größe
und Anbetung und Sühne und Preis
durch Deine makellose Gebärerin,
unsere wunderbare Mutter! Amen.
„Du getreue Gnadenvermittlerin!" –
„Bitte für uns!"

Heil Dir, Geist des Ewigen,
allzeit Heiligkeit Strömender,
seit Ewigkeit wirkend in Gott!
Du Feuerflut vom Vater zum Sohn,
Du brausender Sturm,
der Du wehest Kraft und Licht und Glut!
in die Glieder des ewigen Leibes,
Du ewiger Liebesbrand,
gestaltender Gottesgeist in den Lebenden,
Du roter Feuerstrom
vom Immerlebenden zu den Sterblichen!
Dir werde neu und in alle Ewigkeit Macht
und Herrlichkeit und Schönheit

Altar der Marienfried-Kapelle bis zum Jahre 1971

Die Marienfried-Kapelle
Links davon der Traubenkirschenbaum mit Bildstock

> *durch Deine sternengekrönte Braut,*
> *unsere wunderbare Mutter! Amen.*
> *„Du aller Gnadenvermittlerin!" –*
> *„Bitte für uns!"*

Der Engel betete nun das gleiche Gebet zur Gottesmutter wie im Mai. Die Mutter sagte dann, daß sie sich gefreut habe, daß ihre Schar hier am vergangenen Sonntag den gnadenreichen Rosenkranz zu beten versprochen habe. Sie wolle die Gemeinschaft segnen und nun den Rosenkranz mit uns beten. Wir beteten alle den Rosenkranz.[1]

Die Mutter sagte immer „Amen" und betete das „Ehre sei dem Vater, und dem Sohne, und dem Heiligen Geiste . . ." ganz allein. Dabei verneigte sie sich tief. Dasselbe tat sie auch beim Aussprechen des Namens Jesu. Dasselbe taten auch die anwesenden weißen Gestalten. Der Engel forderte uns auf, das gleiche zu tun. Den ersten Teil des Ave Maria beteten alle Gestalten mit, den zweiten Teil nur wenigere. Der Engel sprach zum Schluß die drei Anrufungen zur Gnadenvermittlerin.

Danach gab die Mutter den Segen wie im Mai. Sie breitete die Hände zum Segen aus, dabei sprach sie zur Heiligsten Dreifaltigkeit ein Gebet. Sie betete für die Kirche, daß diese ihre Stellung anerkennen und den Willen des Vaters achten möge. Sie bat den Dreieinigen Gott, daß Er die Kirche durch sie segne und den Frieden vermitteln möge.

---

[1] Alles was nach dem Preisgebet folgte, erzählte Bärbel im ‚Wir-Stil'. Sie fühlte sich mit Maria, den Engeln, Pfarrer Humpf und Anna in einer lebendigen Gemeinschaft. Dies auch deshalb, weil Maria sagte, sie wolle sie segnen und mit ihnen gemeinsam den Rosenkranz beten.

Die Mutter war von Anfang an viel schöner und verklärter als im Mai. Sie war so gut und freundlich. In ihrem Gesicht lag etwas wie ein großer Schmerz. Sie klagte auch, daß ihre Kinder sie verlassen und daß sie sie deswegen nicht zum Heiland führen könne. Dies sei für sie ein großer Schmerz.
Als die Schar anfing zu beten, wurde sie noch viel schöner, ganz klar und licht. Die dreifache Strahlenkrone über ihrem Haupte war so hell und groß, daß sie den ganzen Himmel bedeckte.
Bärbel berichtet:
,,Als sie den Segen gab, streckte sie die Hände aus wie der Priester vor der hl. Wandlung, und da sah ich von ihren Händen lauter Strahlen ausgehen, die durch die Gestalten gingen und auch durch uns. Die Strahlen kamen von oben in ihre Hände. Die Gestalten und auch wir wurden davon ganz licht. Die Strahlen gingen dann auch von ihrem Körper aus und durchdrangen alles, was rundum war. Sie war ganz durchsichtig geworden und in einen Glanz getaucht, den man nicht beschreiben kann. Sie war so schön und rein, so licht, es gibt dafür kein Wort.
Ich war wie geblendet. Ich habe alles rundum vergessen und wußte nur das eine, daß dies die Mutter des Heilandes war.
Auf einmal taten mir die Augen weh von der Helle. Ich schaute weg, und dann war sie und mit ihr alles Helle und Schöne vor meinen Augen verschwunden.''

RELIGIÖSE AUSDEUTUNG UND AUSWERTUNG DER BOTSCHAFT

Der Stern und das Zeichen Gottes

> „Ich bin das Zeichen des lebendigen Gottes. Ich drücke mein Zeichen meinen Kindern auf die Stirne. Der Stern wird mein Zeichen verfolgen, mein Zeichen aber wird den Stern besiegen."

In streng biblisch-prophetischer Sprache bezeichnet sich Maria hier als das ‚Zeichen des lebendigen Gottes', also als das Zeichen, das nach Sein und Haltung immer ganz auf Gott bezogen ist, dafür aber auch vom Widersacher Gottes ganz besonders gehaßt und verfolgt wird. Maria nennt ihn den ‚Stern', am 25. Mai noch deutlicher den ‚Stern des Abgrundes'. Hier ist wohl ein Hinweis auf Offb. 9, 1–12 gegeben: „Da sah ich einen Stern, vom Himmel auf die Erde ‚niedergestürzt' (wie Dämonen, niederstürzen) . . ."
Als geheimnisvolles Gotteszeichen prägt sich Maria auch ‚ihren Kindern' ein, wird darum mit diesen und in diesen vom Gegenzeichen Gottes, dem ‚Stern', verfolgt, aber nicht besiegt. Ja im Gegenteil: ‚Mein Zeichen aber wird den Stern besiegen'. Hier tritt ganz im Sinne des Protoevangeliums (Gen. 3,15) und der Apokalypse Maria als die große Gegnerin und Besiegerin der Schlange vor uns hin, gegen die zwar der ‚Drache ergrimmt', aber letztlich nichts vermag. Maria ist die verfolgte, aber unbesiegte Siegerin über den ‚Stern'. So treten sich schon in dieser vorbereitenden Erscheinung von Marienfried Himmel und Hölle in gewaltigen Dimensionen gegenüber, ganz in der Linie

des Tagesheiligen dieser Erscheinung, des hl. Evangelisten Markus, der vor allem auch in seinem Evangelium Christus als den machtvollen Sieger über die Dämonen schildert.

Ein weiterer Zusammenhang mit dem ‚Zeichen' der Bibel scheint auch mit dem Wort gegeben: ,,Gott selber wird euch ein Zeichen geben" (Isaias 7,14), und ,,ein großes Zeichen erschien am Himmel . . ." (Offb. 12,1). Mit dem Wort vom ‚Zeichen' stellt sich die Frau vor:

> Als die Jungfrau der Offenbarung (Is 7,14).
> Als die Gehilfin des Erlösers.
> Als die siegreiche Gegenspielerin Satans.

Was aber ist mit diesem ‚Zeichen' gemeint? – Maria selbst als ‚Zeichen des lebendigen Gottes' ist das *vollendete Abbild Gottes* unter allen geschaffenen Wesen. Mit dem Versprechen: ,,Ich präge meinen Kindern mein Zeichen ein" kann nichts anderes gemeint sein als die möglichst vollkommene Verähnlichung mit der Muttergottes, die marianische Formung einer Seele in Glaube, Hoffnung und Liebe durch die ernst vollzogene und gelebte Marienweihe. ,,Ich verlange, daß man die Weihe lebt."

In Marienfried kommt zu dieser ,,gelebten Marienweihe" gleichsam als Krönung der ,,Herzenstausch" mit Maria hinzu, dem dann durch das Wirken des Heiligen Geistes der ,,Herzenstausch mit Jesus" folgt. Die Umwandlung in das Herz Mariä bedingt gleichermaßen die Besitznahme Jesu. Er ist der schlußendliche Sieger – Er will in den Herzen der Menschen triumphieren –, Maria ist nur das Tor, durch welches Er in die Herzen eintritt, nachdem sie die Herzen für Jesus bereitet hat.

Hier stehen wir aber auch schon vor dem wesentlichen Ziel ihrer Botschaft, darum bittet sie so eindringlich: *„Laßt euch mein Zeichen einprägen!"*, denn von der Bereitschaft und Ganzhingabe der Menschen hängt schließlich der Endsieg gegenüber Satan ab. Satan soll durch ihre Kinder besiegt werden, die durch das Geheimnis des Herzenstausches mit Maria ganz Christus ähnlich geworden sind. Dies stellt Maria uns hier vor Augen als den Plan Gottes für die Endzeit.

Die große Gnadenvermittlerin

Vorstellung der Erscheinung: *„Ich bin die große Gnadenvermittlerin."* Maria gibt uns ganz klar den Sinngehalt ihres hier gewählten Titels: „Wie die Welt nur durch das Opfer des Sohnes beim Vater Erbarmen finden kann, so könnt ihr nur durch meine Fürbitte beim Sohne Erhörung finden". Wäre vielleicht das Wort vom ‚alles können', das am 25. April ausgesprochen wurde, jemand zu gewagt vorgekommen, so gibt Maria nun jeden Zweifel behebenden Aufschluß über die *Art* ihrer allesvermögenden Wirksamkeit: diese beruht auf ihrer *Fürbitte beim Sohne* und ist bei IHM maßgeblich gewollt *nur* für *unsere Erlösung und Heiligung.* Sie unterscheidet sich aber grundlegend von der Mittlerstellung Jesu, die von Maria als einzig entscheidend betont wird, um ‚beim Vater Erbarmen zu finden'. Ganz deutlich sind hier folgende Begriffspaare einander gegenübergestellt:

> beim Vater: Erbarmen durch das Opfer des Sohnes,
> beim Sohne: Erhörung durch Fürbitte Mariens!

In der Botschaft vom 25. Juni *begründet Maria ihr Mittleramt,* wenn sie spricht: *,,Der Vater will, daß die Welt diese Stellung seiner Dienerin anerkennt. Die Menschen müssen glauben, daß ich als die dauernde Braut des Heiligen Geistes* die *getreue Vermittlerin aller Gnaden bin. Mein Zeichen ist im Erscheinen. So will es Gott."*
Die Gnadenvermittlung Mariens bedeutet aber für uns nicht nur:
> *Fürbitterin beim Sohne* – sondern auch: *Führerin zum Sohne.*

Dies ergibt sich als klare Folgerung aus den Worten Mariens: *,,Christus ist* deshalb so *unbekannt, weil ich nicht bekannt bin."*
Die Gnadenmittlerschaft Mariens ist ein *Hauptgedanke* der Botschaft. Der tiefere Sinn ihrer Worte ist:
> *Ich will und darf wirken als die große Gnadenvermittlerin!*

Gott hat mich zu dieser Sendung berufen und eingesetzt, weil ich dauernd die *Braut des HEILIGEN GEISTES* bin und daher *meine Sendung treu erfülle.*
Hier ist eine *Aussage* an *Welt und Kirche* gegeben, die allergrößte Beachtung verdient.

Die Hilfe der Christenheit

Die Botschaft von Marienfried will deutlich machen, wie sehr der Gottesmutter die Aufgaben, Leiden und Gefahren des Gottesvolkes am Herzen liegen. Dies zeigt sich darin,
1. daß die Botschaft an ein schweres Zeitereignis der Welt anknüpft, an den furchtbaren Weltkrieg.
,,Deshalb goß der Vater seine Zornesschale über die Völker aus, weil sie seinen Sohn verstoßen haben";

2. daß sie an ein Ereignis des kirchlichen Lebens erinnert: *„Die Welt wurde meinem unbefleckten Herzen geweiht . . ."* (Weihe von Kirche und Welt durch Papst Pius XII. an das Unbefleckte Herz Mariens im Jahre 1942);
3. daß sie hinweist auf kommende große Gefahren für Welt und Kirche und auf den Höhepunkt der Auseinandersetzung zwischen Christus und Satan, wie er in der Geh. Offenbarung schon angekündigt ist. *„Die Welt muß den Zornesbecher bis zur Neige trinken . . . Der Stern des Abgrundes wird wütender toben denn je und furchtbare Verwüstungen anrichten . . .";*
4. daß sie den Sieg Christi des Friedenskönigs in Aussicht stellt: *„Dann wird Christus als Friedenskönig über alle Völker herrschen."*

Die Bezugnahme der Botschaft auf Vergangenheit und Zukunft verleiht ihr eine prophetische Eindringlichkeit und Überzeugungskraft.

Die Königin des Friedens

Die Botschaft von Marienfried schenkt uns auch eine Botschaft vom Frieden, wie der Name schon sagt. Die Botschaft, welche nach dem zweiten Weltkrieg der Menschheit geschenkt wurde, greift die große Sehnsucht der Menschen und Völker nach Frieden auf. –
„Dort, wo man die Menschen lehrt, daß ich bei Gott alles vermag, werde ich den Frieden verbreiten. – Dann, wenn alle Menschen an meine Macht glauben, wird Friede sein. – Den Frieden des Herzens will ich euch vermitteln, wenn ihr meine Bitten erfüllt. Nur auf diesem Frieden wird sich der Friede der Völker aufbauen können. Dann wird Christus als Friedenskönig über alle Völker herrschen."

Das Wort vom Frieden des Herzens und vom Frieden der Völker macht die Botschaft zeitgemäß und eindringlich. Damit verbindet sich auch die geistige Atmosphäre der Kapelle als einen Ort des Gebetes und des Friedens: *„Der Friede Christi sei mit allen, die hier beten!"*

Die ‚sternengekrönte Braut' des Heiligen Geistes

Die Botschaft zeigt auch eine klare Linienführung der organischen katholischen Frömmigkeit, die Maria, die Mutter des Herrn, von Jesus nicht trennt, sondern sie immer in unzertrennlicher Lebens- und Aufgabengemeinschaft mit IHM sieht: Maria weist hin zu Christus.
In diese Linienführung muß man die Aussage: *„Ich bin das Zeichen des lebendigen Gottes"* hineinstellen. Maria will nichts für sich behalten, nicht Endstation der Frömmigkeit sein, sondern hinführen zum Dreifaltigen Gott, der uns durch die Menschwerdung des Sohnes Gottes Sein Antlitz zugewendet hat.

In jeder der drei Personen wird die Hinordnung der Marienverehrung auf Jesus Christus und den Dreifaltigen Gott deutlich.
Gerade die letzte Botschaft frappiert durch ihre eindeutig trinitarische Ausrichtung. Sie endet mit der Aufforderung an ihre Kinder:

> *„Meine Kinder müssen den Ewigen mehr loben und preisen und IHM danken. Dafür hat ER sie ja geschaffen: Zu Seiner Ehre!"*

Hier ist die Marienverehrung ganz und gar hingeordnet auf die Verherrlichung des Dreifaltigen Gottes. Der Schlußstein dieser Hinordnung ist der *Hymnus an die Heiligste Dreifaltigkeit,* der von Engel, Mensch und Gottesmutter gebetet wurde.

Wegen seiner gehobenen Bildsprache, seiner dogmatischen Genauigkeit und mystischen Tiefe drückt er der ganzen Botschaft das Siegel der übernatürlichen Herkunft auf. In drei Versen richtet er sich an die drei göttlichen Personen. Jede Strophe beginnt mit einem Heilruf[1], der in einer mehrgliedrigen Anrede dogmatisch klar die Wirksamkeit der Person zum Ausdruck bringt. Mit einer Lobpreisung Marias als die sonnengehüllte Tochter des Vaters – die makellose Gebärerin des Sohnes –, die sternengekrönte Braut des Heiligen Geistes', endet jeder Vers.

„Dir werde neu und in alle Ewigkeit Macht und Herrlichkeit und Schönheit durch Deine sternengekrönte Braut, unsere wunderbare Mutter!"

Pfarrer Humpf, der diesen Lobpreis aus dem Munde von Bärbel hörte und mitschrieb, war davon so beeindruckt, daß er von da an die Botschaft glaubte. Ähnlich wie ihm erging es auch vielen anderen.

Kreuzesliebe

Die Botschaft von Marienfried sucht nicht das Sensationelle und auch nicht das Wunder im materiellen Bereich.

„Erwartet keine Zeichen und Wunder! Im Verborgenen will ich wirken als die große Gnadenvermittlerin."

---

[1] „Heil unserem Gott, der auf dem Throne sitzt, und dem Lamme" (Off 7.10.).

Sie fordert um so mehr die eindringliche Bereitschaft zum Opfer und zum Kreuztragen:
„Euer Beten und Opfern wird das Bild des Tieres zertrümmern. – Im Verborgenen will ich Wunder an den Seelen wirken, bis die Zahl der Opfer voll ist. – Meinen Kindern will ich Kreuze aufladen, schwer und tief wie das Meer, weil ich sie in meinem geopferten Sohn liebe. – Ich bitte euch, seid bereit zum Kreuztragen, damit bald Friede wird."
Mit diesem Gedanken weist die Botschaft auf die Beiträge hin, welche die Gottesmutter von ihren treuen Kindern erwartet:
„An euch liegt es, die Tage der Dunkelheit abzukürzen. – Dann kann ich mich aller Welt offenbaren zur Ehre des Allmächtigen."

Marienweihe und Herzenstausch

Zu einer *ausgeprägten Marienverehrung* gehört die *gelebte Marienweihe* als bewußte Ausrichtung und Hinordnung auf Maria. Dies hat sie vor allem in ihrer Botschaft in Fatima gewünscht, aber sie fordert nun eindringlich: *„Ich verlange, daß man die Weihe lebt!"* Nur die *„gelebte Weihe"* schafft die Voraussetzung für den Herzenstausch – für das letzte und größte Geheimnis ihres *„wunderbaren Herzens"*. Die Weihe ist gleichsam der Same, der durch den Tausch der Herzen vom Heiligen Geist befruchtet wird. Aber dies kann wiederum nur geschehen, wenn der Mensch das „Ja" zu Gott spricht. Das „Ja" zu Gott ist gleichsam das „Ja" zu Maria. Wer sich ihr anvertraut und verschreibt, verschreibt sich einem Leben, das ganz auf Gott ausgerichtet ist.
In der Bitte zu Maria um Vollzug des Herzenstausches spricht man das ganz bewußte „Ja" zu Gott, so wie sie

es bei der Botschaft des Engels sprach. „Mir geschehe – ich bin die Magd des Herrn." Man will sich mit dem Herrn voll identifizieren, ganz Seine Sache annehmen, für IHN ganz da sein.

Dazu kommt aber ein Zweites:
Man glaubt und anerkennt die Gnadenmittlerschaft Mariens. Diese liegt im Plane Gottes, und nur jene, die daran glauben, werden ihre Wirksamkeit verspüren. Wo Zweifel und Ablehnung herrscht, kann Maria nicht wirken. Sie selbst war „Voll des Glaubens", und sie verlangt daher von ihren Kindern, daß sie ihre Gnadenmittlerrolle anerkennen und daran glauben – weil der Vater es so will.

Hier ihre Bitte:
„Setzt an die Stelle eurer sündigen Herzen mein unbeflecktes Herz, dann werde ich es sein, die die Kraft Gottes anzieht, und die Liebe des Vaters wird Christus neu in euch zur Vollendung bilden."

Damit wird ein Dreifaches ausgesprochen:
1. daß die *gelebte Marienweihe* zum *Herzenstausch mit der Gottesmutter* führt;
2. daß der *Herzenstausch* durch die *Gnadenmittlerschaft Mariens* wirksam wird;
3. daß der *Herzenstausch den Heiligen Geist herabzieht* durch die „Liebe des Vaters", welcher der *göttliche Vollender unseres Lebens in Christus* ist.

Maria will, daß viele als „*ihr geweihte Opfer ihr die Macht geben, das Reich des Friedenskönigs zu schaffen*".
Sie sagt: „*Erfüllt meine Bitte, damit Christus bald als Friedenskönig herrschen kann!*"

ERWÄHLUNG UND SENDUNG DURCH MARIA

Hingabe und Bereitschaft für Maria

Die Botschaften, die Maria in Marienfried an die Welt gerichtet hat, sind sehr eindringlich und geradezu beschwörend. Sie werden von der Masse der Menschen nicht verstanden und begriffen, weil sie *außergewöhnlich* sind. Es sind *Worte an ihre Kinder,* die sie aus der Untätigkeit aufwecken und aufrütteln will.

Maria hat viele Kinder, auf der Erde verstreut. Aber wie viele hat sie, auf die sie zählen kann? Haben nicht die meisten einen edlen guten Geist, mit dem sie sich Gott anbieten, mit dem sie Gott alles tun wollen? Aber dieser Geist bedarf einer *apostolischen Erweckung.*

Diese Gutgesinnten will Maria mit den Worten ihrer Botschaft ‚aktiv' machen. Sie stellt sich ihnen vor als die von Gott erwählte Führerin, die im Namen Gottes den Kampf gegen Satan kämpft und führt. Sie will ihre Kinder zum Mitkämpfen aufrufen und sie einscharen in ihr Kampfheer. Das ‚Zeichen', das sie durch die Gnade Gottes trägt, sollen auch ihre Kinder haben. – Sie will es ihren Kindern einprägen, damit sie mit ihr eine geschlossene Einheit bilden. So gruppiert sie ihr Heer für den Kampf gegen Satan.

Aber ihre treuen und geweihten Kinder wird Satan als seine gefährlichsten Gegner bald erkennen, weil sie ihm mit Erfolg Menschenseelen entreißen. Er wird einen gewaltigen Kampf gegen sie führen, aber er wird sie nicht besiegen, weil sie das ‚Zeichen Mariens' auf der Stirne tragen.

Die Umwandlung in Christus durch Maria

Gott hätte auf verschiedene Weise den Menschen heimführen und erlösen können. Aber Er wählte den Weg der Menschwerdung Seines Sohnes durch Maria, die Jungfrau. Sie durfte den Menschen den Erlöser bringen. Sie darf aber auch weiterhin den Menschen die Gnaden des Erlösers vermitteln, denn Gott benützt Maria in der Gnadenzuwendung als SEIN Werkzeug. Dies ist nicht eine Stellung, die sie sich selbst anmaßt, wie manche heutige Christen meinen, sondern Gott selbst hat ihr diese Aufgabe zugewiesen. So, wie Gott wollte, daß der Erlöser aus Maria kam, so will ER, daß alle Gnaden, die ER der Welt schenkt, ebenfalls durch Maria vermittelt werden. Es ist daher nicht Vermessenheit, wenn sie in der Botschaft sagt: *,,Ich bin die große Gnadenvermittlerin. Wie die Welt nur durch das Opfer des Sohnes beim Vater Erbarmen finden kann, so könnt ihr nur durch meine Fürbitte beim Sohne Erhörung finden."*

Damit stellt Maria uns nur den Plan Gottes vor Augen, nach welchem ihr Sohn als Erlöser die Gnade verdient, sie aber die Gnaden austeilt. Der Sohn will alle Gnaden durch sie den Menschen mitteilen. Marienverehrung kann daher nicht eine Rand- oder Nebenerscheinung im Raume der Kirche sein, sondern sie muß ein Grundzug jedes echten Christen sein.

Dies Wort sagt aber in seiner letzten Konsequenz auch folgendes: Wer Maria als Gnadenvermittlerein ablehnt, bindet den Gnadenstrom ab. Für diesen Menschen versiegt das geistige innere Leben mehr und mehr. Trotz allen Eifers und aller Bemühung wird sein Wirken nicht mehr fruchtbar.

Die Kirche von Rom hat wohl durch die Weihe des

Menschengeschlechtes an das Herz Mariens durch Papst Pius XII. im Jahre 1942 die Tatsache, daß Maria die Gnadenvermittlerin ist, anerkannt. Aber die Christen haben daraus nicht die notwendigen Schlußfolgerungen gezogen. Es darf keine nur äußere, nur formelle Sache sein, was der Papst durch den Akt der Weihe des Menschengeschlechtes an Maria vollzogen hat, sondern jeder Christ muß nun diese Weihe wirklich leben und Maria als geistige Mutter und Gnadenspenderin betrachten und ein lebendiges Verhältnis zu ihr anstreben.

Maria will uns nämlich umformen und nach dem Bild ihres Sohnes gestalten durch die Macht ihrer Gnadenmittlerschaft. Daher spricht sie die bedeutsamen Worte: *„Setzt an die Stelle eurer sündigen Herzen mein Unbeflecktes Herz, dann werde ich es sein, die die Kraft Gottes anzieht, und die Liebe des Vaters wird Christus neu in euch zur Vollendung bilden."*

Jesus, der Gottessohn, bietet uns Sein Fleisch und Blut an, auf daß wir in IHM leben. Maria, die Mutter, bietet uns ihr Herz an, damit wir Christus würdig und voll Hingabe in uns aufnehmen. Wenn wir uns in der Ganzhingabe wie Maria Gott schenken, kann ER uns ganz umformen. Diese Ganzhingabe ist aber für den Menschen nicht einfach, sondern wohl das Schwerste, das es überhaupt gibt. Wenn wir aber den Willen und die Bereitschaft haben, ganz Gott zu dienen, dann haben wir das Ziel Mariens erreicht, dann sind wir mit ihrem Herzen und dem Herzen ihres Sohnes eins. Das übrige wird sie im Dienste ihrer Gnadenmittlerschaft wirken. Indem sie uns im Vollzug des Herzenstausches nach dem Bilde ihres Sohnes formt, drückt sie uns ihr ‚Zeichen' auf, ihr Abbild. Ihr Zeichen der Erwählung durch Gott ist ihre ‚Unbefleckte Empfängnis'. Dies ist eine Auszeichnung, die sie über alle Geschöpfe stellt, die ihr Gott im Hinblick auf ihre göttliche Mutterschaft verliehen hat. Wenn ihre Kinder mit ihr und ihrem Sohne eins sind durch die Verbindung der Herzen, dann läßt sie diesen alle Gnade zukommen, die ihr Gott für das Heil der Welt geschenkt hat. Diese stehen ja ein für die Sache ihres Sohnes und haben kein dringenderes Ziel vor Augen als Seelen zu retten. Dadurch soll letztlich Gott verherrlicht werden, deshalb bittet sie:

„Erfüllt meine Bitte, damit Christus bald als Friedenskönig herrschen kann."

Sie will das Reich ihres Sohnes aufbauen, weil sie weiß, daß ER ein Reich des Friedens, der Liebe und des Wohlergehens für die Menschen schaffen will.

Christus sucht nur unser Heil zu verwirklichen, und damit erfüllt ER den Willen des Vaters, der IHN dazu in die Welt gesandt hat. Wenn dies aber geschieht, wird der Wille des Vaters in allem erfüllt und gereicht IHM zur Ehre und Verherrlichung.

Dies ist der Plan Gottes mit dem Menschengeschlecht, das, von Satan verführt, in die Irre gegangen ist. Weil aber Satan nun sieht, wie der sündige Mensch wieder zu Gott zurückfindet, sucht er mit aller Macht Gottes Plan zu durchkreuzen und die Menschen von Christus und Maria wegzuziehen. Er wird in seiner Wut alle Kraft aufbieten und viele Marienkinder ins Martyrium führen. Trotz äußerster Not werden sie aber das Kostbarste nicht entbehren: den Frieden mit Gott. Sie werden im harten Geisteskampf glücklich und dankbar im Herzen sein.

Satan wird aber getarnte und raffinierte Trugmittel anwenden, um viele, sogar beste Christen zu täuschen und irrezuführen. Dies wird ihm bei jenen gelingen, die Maria als Gnadenmittlerin ablehnen. Durch ihre Ablehnung fließen ihnen die Gnadengaben nicht mehr oder nur spärlich zu und bald werden sie geistig arm und leer. Sie lassen sich dann mit schönen Worten täuschen, wie einstmals Eva im Paradies. Sie laufen Irrlichtern nach, verlieren die Gnadenführung Mariens und kommen ab von Gott. Dies ist deshalb möglich, weil Satan in der Endzeit sehr große Macht hat. Aber diese große Macht wird zur Ohnmacht bei allen, die sich Maria restlos geweiht haben, die im Dienste ihres Sohnes leben und wirken. An diesen prallt seine Macht erfolglos ab, er kann sie nicht irreführen, weil sie das ‚Zeichen der Unbefleckten' in sich tragen. Dies betont Maria in ihrer Botschaft ganz besonders, damit wir den Ernst der gegenwärtigen Stunde erkennen und uns ihr restlos für die Rettung der Seelen zur Verfügung stellen.

Im Dienste Mariens für Welt und Kirche

Die Bedeutung Mariens für Welt und Kirche wird heute noch zu wenig erkannt. Selbst viele Christen verhalten sich Maria gegenüber ablehnend oder doch sehr zurückhaltend. Dies entspricht aber nicht dem Willen des Vaters, der Maria als ‚Braut des Heiligen Geistes' erwählt hat. Maria soll die Kirche selbst in geheimnisvoller Weise darstellen. Sie ist ja das Urbild der Kirche, die Braut des Heiligen Geistes, aus der Christus und alle erlösten Menschenkinder geistig geboren sind. Das sind nicht nur schön klingende Worte oder ein Spiel von Gedanken, sondern das ist die Wirklichkeit, nach dem Willen des Ewigen Vaters. Deshalb betont Maria: *„Mein Zeichen ist im Erscheinen.*

So will es Gott." Damit will sie uns darauf hinweisen, daß sich der Plan Gottes, je näher wir der Endzeit zugehen, immer mehr verwirklicht. Vorerst erkennen dies nur jene, die ganz im Geiste Gottes leben, die ihre echten Kinder sind. Ihnen wird das, was den andern verhüllt ist, bereits offenbar. Sie schöpfen daraus die Gnade und Kraft, sich noch inniger Gott zu verschenken und einzustehen für das Heil der Seelen.

In diesen Menschen wird sie aber im Stillen wirken und sie zur allergrößten Gottähnlichkeit heranbilden. Mit ihnen wird sie den Entscheidungskampf gegen Satan führen und gewinnen. Wenn dies geschehen ist, kann sie sich als die große Siegerin gegen Satan offenbaren. Sie wird vor der ganzen Welt zeigen, wie Gott mit den Geringsten und Kleinsten den Kampf geführt und gewonnen hat. Diese sind erfüllt vom Geist der Ganzhingabe an Gott, wie Maria. Sie hat durch den Herzenstausch ihre Herzen vorbereitet, zur Umwandlung in Christus. Daher tragen Sie Kreuz und Leid, aber auch die Freude der Kindschaft Gottes im Geiste Christi. Sie sind Sühneopfer für die Rettung der Seelen. Sie haben solche Sühnekraft – da sie mit Jesus und Maria aufs innigste verbunden sind –, *daß Wunder an den Seelen geschehen.* Dies alles will Maria im Verborgenen wirken, weil sonst das Große in den Seelen nicht wachsen und reifen kann, da der Widersacher die Seelen zu arg bedrängen würde. Alles aber wird ihren Kindern sichtbar sein, zum Zeichen und Beweis ihrer Gnadenführung. Sie werden um Ihretwillen Gott anbeten und verherrlichen und in Dankbarkeit einstimmen in den Lobgesang zur Ehre Gottes des Dreifaltigen mit allen Engeln und Heiligen.

Sie werden jauchzen und singen: *,,Dies ist das neue Lied . . ."* Sie werden den alleserfüllenden Hymnus anstimmen, so wie ihn die gewaltigen Engelchöre zur Ehre der Allerheiligsten Dreifaltigkeit angestimmt haben, nachdem die neue Botschaft der Gottesmutter verkündet ward. Dieser Lobpreis ist die Verherrlichung Gottes, der Heiligsten Dreifaltigkeit mit und durch Maria, die mit ihren Kindern den Kampf zur Ehre und Verherrlichung Gottes gekämpft und gewonnen hat. Es ist ein Lied der Dankbarkeit und Freude all jener, die an diesem Kampfe teilgenommen haben. Dies betrifft Engel und Menschen, die eintraten für das Heil der Seelen. Daher ist dieser Lobpreis ein gewaltiges Dank- und Siegeslied im Himmel und auf Erden aus dem Mund aller Erlösten, aller Engel und Heiligen.

DIE BEDEUTUNG DER BOTSCHAFT FÜR DIE KINDER MARIENS

Marienfried und der hl. Ludwig Maria Grignion

Für viele ist der hl. Ludwig Maria Grignion kein Unbekannter mehr. Im Jahre 1947 wurde er von der Kirche heilig gesprochen. Seine Heiligsprechung fällt somit in die Zeit, wo das zu blühen und zu reifen beginnt, wofür er gekämpft und gewirkt hat. Er prägte das Wort vom ,,Herzenstausch", das in der Botschaft von Marienfried von der Gottesmutter selbst ausgesprochen wird.

Ludwig Maria Grignion lebte in Frankreich. Er wurde am 31. Januar 1673 in Montfort sur Meu geboren. Er starb schon mit 43 Jahren, während er eine Volksmission hielt. Sein Leben war randvoll mit Arbeit, Opfer und Leiden angefüllt. Sein Wirken gehörte ganz dem gekreuzigten Christus, dem er Jünger und Dienstmägde zuführen wollte. Das Geheimnis all seines Wirkens war die Liebe zu Christus, die durch die Liebe zur Gottesmutter, der Mittlerin aller Gnaden, so sehr entflammt wurde. Durch Maria zu Jesus! Dies war sein Wahlspruch.

Er erkannte, daß wir Jesus um so mehr lieben, wenn wir IHN im Geiste Mariens lieben. Deshalb hatte er den heißen Wunsch, das Herz Mariens zu besitzen, um im Geiste ihrer Liebe Christus dienen zu können. Daß sich dies wunderbar erfüllte, hat Gott mit Zeichen und Wunder bestätigt. Gott hat ihn darüber hinaus als Künder und Lehrer der wahren Christusnachfolge der ganzen Welt vor Augen gestellt. In den überaus wertvollen Schriften, die er verfaßt hat, lehrt er die Nachfolge Jesu an der Hand Mariens. Seine Anweisungen zeigen den Weg zur ,,vollkommenen Opferweihe an unseren Herrn Jesus Christus durch die Hände Mariens."

Ist dies nicht auch das Programm, das die Gottesmutter in Marienfried der Welt vor Augen gestellt hat? Das, was Grignion, der Zeit weit voraus, grundgelegt und mit seinen Schriften der Kirche geschenkt hat, wurde durch die Erscheinung in Marienfried von der Gottesmutter dann selbst bestätigt. Sie sagt: ,,Christus ist deshalb so unbekannt, weil ich nicht bekannt bin." Daraus folgt der Schluß, daß eine tiefe Christusliebe nicht denkbar und möglich ist, ohne eine tiefe Liebe zu Maria. Wo Maria ist, da ist ihr Sohn, und wo der Sohn ist, da ist die Mutter.

Ludwig Maria Grignion war nicht nur ein großer Lehrer der Kirche, sondern auch ein Prophet. Man darf mit Sicherheit annehmen, daß er, ganz vom Hl. Geist erleuchtet, seine Marianischen Lehren für die Endzeit niedergeschrieben hat. Man spürt aus seinen Schriften heraus, daß er inspiriert wurde und daß er auch im Geiste die Frucht seiner Lehren schauen durfte. Er sagt: „Nicht ohne Grund nimmt man an, daß Gott gegen das Ende der Zeiten große Männer erwecken wird, Männer voll des Hl. Geistes und des Geistes Mariä. Durch sie wird die himmlische Herrin Wunderbares in der Welt wirken, um die Herrschaft der Sünde zu brechen und das Reich Jesu Christi, ihres Sohnes, auf den Trümmern der verkommenen Welt aufzurichten."[1]

Obwohl Grignion nach außen hin wenig Erfolg und Anerkennung zuteil wurde, so gelang es ihm doch, einen männlichen und einen weiblichen Ordenszweig zu gründen, der die Aufgabe bekam, das Gedankengut seiner Lehre zu verkünden und zu verbreiten. Im Laufe der Zeit hatten die Gemeinschaften schwere Not und Verfolgung durchzustehen. Aber sie blieben ihrem Gründer treu und wirken in den heutigen Tagen mehr denn je.

Ihre Arbeit leisten sie im stillen. Dies entspricht auch ganz dem Willen der Gottesmutter, wenn sie in der Botschaft sagt: „Ich muß mich mit meinen Kindern zurückziehen. Im Verborgenen will ich Wunder an den Seelen wirken, bis die Zahl der Opfer voll ist. An euch liegt es, die Tage der Dunkelheit abzukürzen."

Die späteren Zeiten werden erst offenbaren, von welchen Geringen und Kleinen das Größte zur Ehre Got-

---

[1] Grignion: Das Geheimnis Mariens, S. 96 (Miriam-Verlag).

tes gewirkt wurde. Das Hauptziel der Grignion'schen Lehre besteht darin, die Menschen zur vollen Opferweihe an Jesus Christus vorzubereiten und sie zu diesem Höchstziel hinzuführen. Diese Weihe an Christus, die durch die Ganzhingabe an Maria führt, ist in der katholischen Kirche inzwischen ein Begriff geworden. Sie ist gleichsam der verborgene Keim, aus welchem sich die Ausbreitung und Entfaltung der vielen marianischen Gruppen im Laufe der vergangenen Jahrzehnte und Jahrhunderte entwickelt hat. Immer mehr wird erkannt, daß gerade die Weihe an Maria die Voraussetzung für ein vertieftes Leben in Christus ist. Nur wer sich Gott mit ganzem Herzen verschreibt, macht deutlich, daß er für Gott etwas Besonderes tun will. Und Gott gibt jedem Bereitwilligen Seine Zusage, Seine Antwort. Aber Gott prüft und läutert das Herz, um zu sehen, für welchen Dienst es fähig ist.

Die Seherin von Marienfried, die Bärbel, hat die Grignion'sche Marienweihe einige Jahre vor den Erscheinungen in aller Stille vollzogen. Sie trat damit in den Dienst der Gottesmutter. Sie hat ihr mit den ,,Botschaften" eine überaus schwere Last auferlegt: das Kreuz des Herrn. Aber Gott will, daß jeder Mensch dort steht, wo er ihn haben will, und daß er *das Kreuz trägt,* das er ihm auferlegt. Es ist immer das Kreuz des Herrn. Sein Ziel ist immer Golgotha.

Marienfried und die Hl. Engel

Es ist für die Botschaft von Marienfried geradezu ein Wesensmerkmal, daß die Engel sowohl im Leben der Seherin wie auch in den Botschaften eine bedeutsame Rolle spielen.

Der ,,Engel der großen Gnadenvermittlerin" kommt zu ihr und erteilt ihr Aufträge zum Beten, für einzelne Personen, für Priester, für Sterbende, vor allem aber für den hl. Vater.

Eines Tages fragte sie Anna Humpf: ,,Wer ist der Pastor Angelicus? In der Nacht bin ich aufgewacht. Mein Zimmer war beleuchtet. In der Meinung, ich hätte das Ausschalten des Lichtes vergessen, drehte ich den Schalter um. Aber das Zimmer blieb beleuchtet. In dieser Helligkeit sah ich auf einmal eine Gestalt, die sprach: ,,Ich bin der Engel der großen Gnadenvermittlerin. Heute sollst du für den ‚Pastor Angelicus' beten. Er hat große Sorgen. Morgen ist sein großer Tag."

Anna konnte ihr Aufschluß geben, daß der ‚Pastor Angelicus' (der engelgleiche Hirte) Papst Pius XII. ist, der diesen Beinamen gemäß der alten Papstweissagung des hl. Malachias trägt. Der große Festtag sei der Jahrestag der Papstkrönung, der tatsächlich am Tage darauf traf.

Da dieser Engel sie so häufig aus dem Schlaf zum Beten weckte, wurde es ihr zuviel, so daß sie sich darüber beschwerte und den Wunsch aussprach, ungestört schlafen zu dürfen. Als aber eines Tages einer zu ihr kam, für den sie hatte beten müssen, und ihr den Erfolg ihres Betens bestätigte, war sie sehr ergriffen und beschwerte sich nicht mehr.

Öfter bekam sie auch Aufträge, zu später Stunde noch in die Kirche zu gehen, um zu beten. Es kann nachgewiesen werden, daß sie dabei die bereits verschlossene Kirche betreten konnte, als wäre sie nicht verschlossen.

In der Nacht zum 25. Mai wurde sie vom Engel aufgefordert, wieder zum Bildstöckchen zu kommen. Nachdem sie dort war, sah sie den Engel auf der linken

Seite des Bildstöckchens stehen. Er wies mit der Hand nach rechts, wo sie die ‚Frau' stehen sah.

Ganz eindrucksvoll war das Erlebnis mit den Engeln am 25. Juni 1946. Sie sah große Scharen von ‚weißen Gestalten'.

,,Als die Frau zu sprechen aufhörte, da war auf einmal eine große Schar um sie her. Sie hatten lange weiße Kleider an, knieten auf der Erde und verneigten sich tief. Sie beteten den herrlichen Hymnus an die Heiligste Dreifaltigkeit. Am Anfang wurde von einem ‚neuen Lied' gesprochen. Dann betete ein Teil der Gestalten ein anderes Gebet zum Vater. Wie ein Echo wiederholten andere jeden Abschnitt. Wieder eine sehr große Gruppe riefen: ,,Heilig, heilig, heilig . . ." Als das Gebet zu Ende war, forderte der Engel Bärbel auf, nachzusprechen. Sie betete es nach. Nach dem Amen sprach der Engel: ,,Du große Gnadenvermittlerin." Bärbel antwortete: ,,Bitte für uns!"

Aus den geschilderten Begebenheiten wird deutlich, daß der Erscheinungszyklus von Marienfried von den hl. Engeln vorbereitet wurde. Es ist aber auch eine in der Kirchengeschichte immer wieder feststellbare Tatsache, daß Menschen, die sich Gott ganz zur Verfügung stellen, auch von den hl. Engeln in Dienst genommen werden. Die Engel wollen die Menschen zur Ehre Gottes am richtigen Platz einsetzen. Die Engel sind die Vollzieher des göttlichen Willens. Gott benützt sie als Seine Boten, als Mitarbeiter im Erlösungswerk, so wie Er auch die Menschen einsetzt, die sich IHM zur Verfügung stellen.

Er sandte einen Engel zu Tobias, um diesem den Weg zu zeigen. Dem Petrus sandte Er einen Engel in den Kerker, um diesen herauszuführen. Dem HERRN am Ölberg sandte ER einen Engel, der IHN stärkte. So stehen die Engel wie Brüder zur Seite der Menschen, um ihnen behilflich zu sein, den Willen des Herrn zu erfüllen. Die Engel wollen zur Ehre Gottes bei jeder Gelegenheit beitragen und ruhen daher nicht, der Sache Gottes zu dienen.

Die Entscheidung für und gegen Gott wurde im Himmel in den Reihen der Engel gefällt. Luzifer erhob sich und wollte sein wie Gott. Sankt Michael und die Gott getreuen Engel traten ihm entgegen und stürzten ihn mit seinem Anhang in den Abgrund. Nun tobt der Kampf im Bereich der Erde gegen Gott weiter, ‚weil im Himmel kein Platz für sie war' (Offb. 12,8). Nun gehen sie mit grimmigem Haß aus, die Menschen gegen Gott zu verführen, um sie auch in ihren Dienst zu nehmen. Aber die siegreichen, treuen Engel stehen den Menschen zur Seite und bieten ihnen Schutz und Hilfe. Sie sprechen zu den Menschen in der Stimme des Gewissens. Wer auf sie hört, wird nicht den bösen Einflüsterungen und Versuchungen zum Opfer fallen.

Maria ist die Königin der Engel. Wer in ihrem Dienste steht, steht auch im Dienste der Engel. Diese werden bei jeder Gelegenheit mitwirken, wo Maria den Menschen eine Aufgabe zuweist.

Sie lernen uns auch hellhörig werden auf die Wünsche Mariens. Ihre Stimme aber hören wir nur in der Stille, in der Betrachtung, im Gebet. Wir müssen uns immer wieder zurückziehen in das ‚stille Kämmerlein', damit der Engel zu uns sprechen kann. Im Gebet, in der Betrachtung erfahren wir, wie Maria um ihre verirrten Kinder leidet, wie sie wünscht, daß alle gerettet werden. Im Gebet wird uns das Geheimnis der Sühne entschleiert, und wir lernen in Verbindung mit dem mütterlichen Herzen Mariens die verirrten Schafe des Herrn lieben, für dessen Rettung ER sich hingeopfert

hat. Maria führt uns im Sühnen und Beten in die Herzensmitte ihres Sohnes. Sie schenkt uns ‚*ihre Aufträge zum Beten*', weil ‚*so viele Kinder auf ihre Hilfe warten*' (Botschaft vom 25. Juni).
Die Engel tragen zur Ehre und Verherrlichung Gottes bei und wollen den Willen Gottes überall verwirklicht sehen. Wenn wir bereit sind, die Wünsche des Herrn zu erfüllen, stellen sich uns die Engel Gottes zur Seite. Wir dürfen ihrem brüderlichen Rat vertrauen, wir dürfen mit ihnen umgehen und reden wie mit Menschen. Sie sind uns als Brüder zur Seite. Nur wer sie achtet und auf sie hört, wird ihre Gegenwart wahrnehmen. Die Engel aber ruhen nicht, sie sind tätig bei Tag und bei Nacht, weil auch der böse Feind nicht ruht. Überall, wo dieser gegen die Sache Gottes ansetzt, ist auch der Engel zur Stelle. Der Kampf geht um den Menschen, der mit seinem freien Willen sich für oder gegen Gott zu entscheiden hat. Maria, die Königin der Engel, hat in der Entscheidungsstunde der Menschheit ihren Kindern das Wort vorgesprochen, das im Himmel die größte Freude ausgelöst hat: ,,Siehe, ich bin die Magd des Herrn, mir geschehe nach seinem Wort."
Seitdem der Erzengel Gabriel dieses voll Glauben und Vertrauen gesprochene Wort Mariens vernommen hat, steht er an der Seite der Menschen und möchte allen den Geist Mariens einprägen. Denn ,,sie hat Gnade gefunden bei Gott" und sie will, daß wir auch Gnade finden vor dem Herrn.
Die Prüfungen, welche die Menschen überfallen, die vielen Versuchungen und versteckten Angriffe des bösen Feindes, können immer siegreich überwunden werden, wenn wir auf die Stimme des Engels hören. Zur Überwindung einer Versuchung bedarf es immer

der Opfergesinnung. Diese gebietet dem Feind, zu weichen, weil sie ein ‚Eingehen auf den Weg des Herrn' ist. Die schwersten Prüfungen jedoch hat der Mensch zu bestehen, wenn er Zweifel an der Gegenwart Gottes und Zweifel an der göttlichen Vorsehung und Gnadenführung hat. Als Trost darf uns dienen, daß Maria in ihrer Botschaft sagte: *„Ich brauche Opfer. Die größten Gnaden müssen durch solche Leiden erkauft werden."* Hier, in solchen Versuchungen und Leiden, sind wir vereint mit dem Herrn am Ölberg. Wenn wir in der Nacht der Prüfung wenigstens Vertrauen haben und uns restlos hingeben, ohne ein Wort und ohne eine Frage zu stellen, dann wird uns der Vater im Himmel auch einen Engel senden. Dieser wird uns stärken, daß wir den Kreuzweg des Herrn mit Maria seiner Mutter bis zum Ende gehen.

DIE MARIANISCHE ENDZEIT

Paris 1830

Die Marienerscheinungen, die der Botschaft von Marienfried vorausgingen, bestätigen in überraschender Weise, daß sich gerade mit der Erscheinung von Marienfried so manches erfüllt, was die Gottesmutter in ihren früheren Erscheinungen gesagt oder gewollt hat. Jede der Botschaften hat irgend eine Bewandtnis mit Marienfried. Man kann aber auch eine Weiterführung und Weiterentwicklung von Botschaft zu Botschaft feststellen. Auch bestätigt eine Botschaft die andere durch den Inhalt, der verkündet wurde.

Man kann aber auch eine sehr negative Feststellung machen: Von Botschaft zu Botschaft wird die Welt ablehnender gegenüber dem Inhalt der Botschaften und ihren Forderungen. Und nicht nur die Welt, auch viele Kreise der Kirche und viele Gläubige.

Als in Paris im Jahre 1830 die Gottesmutter der Novizin Katharina Labouré erschien und dieser den Wunsch äußerte, daß sie eine Madaille wünsche, die ihr Bild mit der Anrufung trage: ,,O Maria, ohne Sünde empfangen, bitte für uns, die wir zu dir unsere Zuflucht nehmen", da gab der Seelenführer Pater Aladel den Wunsch der Gottesmutter nach anfänglichem Zögern weiter an den Erzbischof von Paris. Dieser war *sofort bereit,* den Wunsch der Gottesmutter zu erfüllen. Ohne ein Urteil über Echtheit oder Unechtheit abzugeben, gab er die Bewilligung zur Prägung der Medaille. Er selbst wünschte die erste zu bekommen. Er sah in der Madaille nur ein Mittel, die Gottesmutter zu ehren. Durch das Tragen der Medaille wollte er selbst sich die Gewißheit verschaffen, ob sie die von der Jungfrau versprochenen reichen Gnaden herabziehen würde. Er wurde in seiner Hoffnung nicht enttäuscht und durfte als erster ein großes Bekehrungswunder erleben. Der abgefallene Erzbischof von Mecheln wurde in auffallender Weise noch auf dem Totenbett bekehrt. Die Medaille wurde alsdann vom gläubigen Volke bald die ,Wundertätige Medaille' genannt und in Millionen von Exemplaren verbreitet.

Die Erscheinung in Paris hat mit der Erscheinung in Marienfried viel Verwandtes: An beiden Orten spricht Maria zu Personen, die sich ihr ,schon geweiht' haben. Katharina Labouré sowie Bärbel haben schon in den Jugendjahren ihre Mutter verloren. Sie vertrauten daher ihr weiteres Leben der himmlischen Mutter an. Die Hilfe, die Maria in Paris und Marienfried bringen will, ist geistiger Art. Es geht ihr in beiden Erscheinungen vorwiegend um die Rettung der Seelen. An beiden Orten erschien sie in der gleichen Haltung: Sie breitete die Hände aus und daraus ergossen sich Strahlen, die auf die Menschen übergingen.

In Paris wünscht die Jungfrau, daß die Menschen ihre Medaille tragen mit ihrem *Bild* und *Gebet*. In Marienfried bietet sie ihr *Herz* und den *Immaculata-Rosenkranz* an. Diesen bezeichnet sie als den ‚gnadenreichen Rosenkranz'.

Das Gebet, das die Jungfrau in Paris gab, hat als Gegenstand die Unbefleckheit der Jungfrau. Damals war das *Dogma der Unbefleckten Empfängnis* noch nicht verkündet. Aber das Gebet: ‚O Maria, *ohne Sünde empfangen, bitte für uns, die wir zu dir unsere Zuflucht nehmen*' sagt mit anderen Worten genau das gleiche aus.

Auf *Grund* ihres *Gnadenvorzuges*, nämlich ihrer *Unbefleckten Empfängnis*, vermittelt sie die versprochenen Gnaden im Zusammenhang mit der Medaille, die ihr Bild trägt.

In Marienfried will sie ihre *Gnadenwunder wirken* durch *jene Menschen*, die *ihr Herz besitzen*, also durch jene, die den *Herzenstausch vollzogen* haben. Das Gebet, das sie verlangt, ist der *Immaculata-Rosenkranz*, der die Anrufungen einschließt. Durch deine *Unbefleckte Empfängnis rette . . ., schütze . . ., leite . . ., heilige . . ., regiere . . . uns.*

Mit der Botschaft von Paris *sammelt* die Jungfrau ihre Kinder zu einer Gemeinschaft. In Marienfried *spricht* sie zu den Kindern ihrer Gemeinschaft und will diese zum letzten *entscheidenden Machtkampf* gegen die dämonischen Mächte *aufbieten und mit ihren mächtigsten*

Waffen ausrüsten. Marienfried kann als die Krone aller marianischer Botschaften bezeichnet werden. Wird die Botschaft von den *berufenen Marienkindern nicht erfüllt,* so besteht die *ernste Gefahr,* daß im anbrechenden Entscheidungskampf die marianischen Streitscharen der wichtigsten Waffen entbehren.

La Salette 1846

Die Erscheinung von La Salette wurde genau 100 Jahre früher als Marienfried gegeben (1846 – 1946). Die Botschaft richtete sich an zwei Kinder. Die Jungfrau saß auf einem Stein und weinte. Ihr Schmerz war, daß die Menschen sich nicht mehr um Gott, ihren geliebten Sohn, kümmern. Sie weinte, weil die Menschen aufgehen in den irdischen Dingen und die Gebote Gottes mißachten. Der *erste Satz der Botschaft* der Gottesmutter in La Salette lautet: *,,Wenn mein Volk sich nicht unterwerfen will, bin ich gezwungen, den Arm meines Sohnes fallen zu lassen."* Der *letzte Satz der Botschaft von Marienfried* lautet: *,,Ein schreckensvolles Ende verkündet der Vater denen, die sich seinem Willen nicht unterwerfen wollen."* Auch in Marienfried klagte die Jungfrau, daß ihre Kinder sie verlassen. Dies sei für sie ein *großer Schmerz.* Die Seherin erkannte, daß deswegen ihr Antlitz sehr traurig war.

Nachdem die Jungfrau in La Salette zu Gebet und Buße gemahnt hat, um der geistigen Not zu begegnen, warnt und beschwört sie die Menschen, damit der Zorn Gottes nicht herausgefordert wird. Sie will, daß die Menschen Gott und nicht dem Mammon dienen. Die Botschaft von La Salette hat durch das Bild der *,,weinenden Mutter"* schon viele Herzen bewegt und zu ihrem Sohne zurückgeführt. Zum Zeugnis der Echtheit der Erscheinungen ließ die Jungfrau aus dem steinigen Boden eine Quelle fließen, die bei den Gläubigen schon unzählige Wunder bewirkt hat. Schon *nach 5 Jahren* hat die Kirche diese Botschaft als echt anerkannt und der Bischof von Grenoble ließ am Ort der Erscheinung eine gewaltige Wallfahrtskirche erbauen.

Lourdes 1858

In Lourdes erschien die Gottesmutter zum Dank und zur Bestätigung für das Dogma der „Unbefleckten Empfängnis", vier Jahre nach dessen Verkündung (1854 – 1858). Sie erklärte bei der Erscheinung: „Ich bin die Unbefleckte Empfängnis!"
Die Botschaft von Marienfried erfolgte vier Jahre nach der Weihe des Menschengeschlechtes an das Herz Mariens im Jahre 1942 durch Papst Pius XII. Er weihte die Menschheit dem „Unbefleckten Herzen Mariens" (1942 — 1946).
In Marienfried wirkte die Erscheinung als Zeichen der Echtheit ein Bekehrungswunder, sie rettete einen Menschen aus größter seelischer Not. Maria sagte zu Bärbel: *„Dort ist ein Mann in größter Not, dem sollst du helfen. Schicke ihn hierher, hier wird ihm geholfen werden. Dies soll ein Zeichen dafür sein, daß du keiner Täuschung unterliegst."* Besonders heute hat dieses Wort der großen Gnadenvermittlerin Geltung: Sie will und kann allen Menschen helfen, die in großer seelischer Not sind und bei Maria voll Vertrauen Hilfe suchen. Aber auch wir sollen diesen Menschen als Kinder Mariens mit Rat und Tat beistehen.

In Lourdes bezeichnete sich die Jungfrau Maria als die *„Unbefleckte Empfängnis"*. In Marienfried schenkt sie den Rosenkranz der *„Unbefleckten Empfängnis"*.

In Lourdes betont sie besonders das Rosenkranzgebet und bittet das gläubige Volk, jenes als siegreiche Waffe zu benützen. In Marienfried lehrt sie den *Immaculata-Rosenkranz,* worin um ihres Gnadenvorzuges willen alles *Notwendige für die Seelen* erbetet werden soll.

In Lourdes läßt sie zum Zeichen, daß sie Wundermacht von Gott für ihre Kinder erhalten hat, viele sichtbare Wunder geschehen, damit die Menschen – auch die Ungläubigen – sehen und glauben. In Marienfried verspricht sie *verborgene Gnadenwunder* zu wirken. Sie spricht hier ihre treuen Kinder an, die schon fest an sie glauben. Sie verzichtet daher auf die *„sichtbaren Wunder,* weil diese vielen Menschen nur noch zur *größeren Verantwortung* gereichen". Sie will damit aber auch jene Massen von Marienfried fernhalten, die sich nur eines persönlichen Gewinnes wegen (Heilung von Krankheit usw.) an sie wenden. Sie sagt daher: *„Es geht heute um mehr."* Es geht um den *Entscheidungskampf – Gott oder Satan – es geht* um die *Rettung der Seelen.*

Die Gnadenwunder werden erst dann geschehen, wenn ihre Schar anfängt, ihren Willen voll und ganz zu erfüllen. Dann wirkt sie die *größten* Wunder, aber still, verborgen vor den Augen der Welt. Der Feind soll nicht zu sehr aufgeschreckt werden. Sie will ihn am Ende, wenn er glaubt, er hätte den Kampf schon gewonnen, schlagartig mit ihrem Streitheer überwinden.

Fatima 1917

Die erste Marienerscheinung in Fatima fand am 13. Mai 1917 statt. Die erste Marienerscheinung von Marienfried erfolgte ebenfalls an einem 13. Mai, im Jahre 1940. In Marienfried gab sich die Erscheinung bei dieser ersten Begegnung noch nicht als die Jungfrau zu erkennen, in den späteren Botschaften jedoch weist sie auf diese erste Begegnung hin, wenn sie sagt: „Betet den Immaculata-Rosenkranz, den gnadenreichen Rosenkranz, wie ich ihn dich gelehrt habe." Diesen für *das Vaterland zu beten*, gab sie damals der Seherin auf. Deutschland war zu jener Zeit noch siegreich im Krieg und es schien, als wolle seine gottlose Führung sich die ganze Welt unterwerfen. Ohne Zweifel war es die Absicht der Gottesmutter, durch Verrichten dieses Rosenkranzgebetes eine Kriegswende herbeizuführen und die teuflischen Mächte in die Schranken zu weisen. Dies geschah denn auch. Natürlich wurde auch von unzähligen Gläubigen der ganzen Welt im gleichen Anliegen gebetet, aber vielleicht war doch dieser Rosenkranz das entscheidende Zünglein an der Waage. Sonst hätte die Gottesmutter ihn in diesen entscheidungsschweren Tagen nicht gegeben. Und wenn sie zu diesem Zweck ‚inkognito' (unbekannt) erschien, so nur darum, weil sie ihre Hilfe im *Verborgenen* bringen wollte, damit ihr Feind diese Hilfe nicht vorschnell zerschlage.

In Fatima wurde das Erscheinungsgeschehen durch *einen Engel* vorbereitet. Er nannte sich den Engel von Portugal. In Marienfried hatte die Seherin auch öfters Besuch von einem Engel. Er nannte sich den „Engel der großen Gnadenvermittlerin" (wahrscheinlich war es der Erzengel Gabriel).

Altar in der Marienfried-Kapelle seit 1971

Bild oben: Marienfriedhaus
Bild unten: Bischof Graber kehrt nach dem Festgottesdienst mit Pfarrer Humpf (rechts im Bild) ins Marienfriedhaus zurück

In Fatima lehrte der Engel *vor Beginn* der Erscheinungen ein *Sühne- und Aufopferungsgebet an die Heiligste Dreifaltigkeit*. Der Engel betete es mit.

In Marienfried erschien *am Ende der dritten Botschaft* nicht nur der Engel, der bei der zweiten und dritten Botschaft zugegen war, sondern unzählige Engel, darunter ganz große und mächtige. Sie beteten vereint mit der Gottesmutter und der Seherin *einen Lobpreis des Dankes, der Anbetung und Verherrlichung an die Heiligste Dreifaltigkeit*. Dieser drückt aus, daß das größte Lob Gott durch Maria, die ‚wunderbare Mutter', dargebracht wird. Dieser Lobpreis hört sich an wie ein Dankgebet nach erfolgtem Sieg. Hier klingt schon an, was die Gottesmutter in Fatima prophezeit hat: *,,Am Ende wird mein Unbeflecktes Herz triumphieren''*.

In der Botschaft von Fatima *zeigte die Jungfrau* den Seherkindern *ihr verwundetes Herz*, das mit dem Gottessohn für die Menschen der Welt sühnt und leidet. In Marienfried *schenkt sie ihr Herz*, damit ihre Kinder, ganz mit ihr vereint, für die Rettung der Seelen wirken.

In einer späteren Botschaft sagte die Gottesmutter zu Lucia, der Seherin von Fatima: *,,Nachdem alle anderen Mittel erschöpft und von vielen Menschen verachtet sind, gebe ich nun mit Schaudern den letzten Rettungsanker: mich selbst.''* In Marienfried finden wir die Erfüllung dieser Worte in der Bitte der Gottesmutter, den Herzenstausch mit ihr zu vollziehen. Sie lautet: *,,Setzt an die Stelle eurer sündigen Herzen mein unbeflecktes Herz, dann werde ich es sein, die die Kraft Gottes anzieht, und die Liebe des Vaters wird Christus neu in euch zur Vollendung bilden. Erfüllt meine Bitte, damit Christus bald als Friedenskönig herrschen kann!''*

Es ergeben sich aber noch weitere, ganz deutliche Beziehungen zu ihrer Botschaft in Fatima. Ohne ,,Fatima" namentlich zu nennen, wird die Botschaft von Marienfried gleichsam darauf aufbauend weitergeführt.

In Fatima verlangt die Gottesmutter von der ganzen Welt Gebet, Buße und Sühne sowie die Verehrung ihres durch die Sünden der Menschen verwundeten Herzens. Damit die Welt die Botschaft für echt hält und glaubt, wirkte sie ein mächtiges Zeichen, das Sonnenwunder. Es wurde von mindestens 50 000 Gläubigen und Ungläubigen gesehen und miterlebt. In Marienfried beklagte sich die Gottesmutter und sagte: *,,Ich habe schon oft äußere Zeichen gegeben, und nur wegen der äußeren Zeichen sind viele gekommen. – Wir stehen vor einer Zeit, in der alle irre werden, die nur der sichtbaren Wunder wegen an sie glauben. Die Zeichen gereichen ihnen nur zur größeren Verantwortung."* (Botsch. v. 25. 6. 1946).

Einen weiteren, ganz deutlichen Hinweis auf ihre Botschaft von Fatima gibt Maria in ihrer Botschaft von Marienfried, wenn sie sagt: *,,Haltet den mir geweihten Samstag, so wie ich es gewünscht habe"*. Diesen Wunsch hat sie im Jahre 1925 ausgesprochen. Sie sagte zu Lucia: *,,Meine Tochter, sieh mein Herz, umgeben von Dornen, womit die undankbaren Menschen es jeden Augenblick durchbohren durch ihre Gotteslästerungen und ihren Undank. Suche wenigstens du mich zu trösten. Ich verspreche, in der Todesstunde mit den Gnaden, die zur ewigen Seligkeit notwendig sind, allen denen beizustehen, die am ersten Samstag von fünf aufeinanderfolgenden Monaten beichten, kommunizieren, den Rosenkranz beten und mir für eine Viertelstunde Gesellschaft leisten durch Betrachtung der Rosenkranzgeheimnisse, in der Absicht, mir dadurch Genugtuung zu leisten"*.

Durch diese Übung will die Gottesmutter Kinder und Kämpfer sammeln, um diese ganz in ihren Dienst zu nehmen. Wenn diese durch die „Betrachtungen der Rosenkranzgeheimnisse" die Liebe ihres mütterlichen Herzens im Wirken mit ihrem göttlichen Sohn erkennen, werden sie selbst das Verlangen in sich verspüren, ganz eins mit dem Mutterherzen zu werden. Die Übung der Mariensamstage hat eine große Gnadenwirkung und sollte daher viel mehr empfohlen und verbreitet werden.[1]

Amsterdam 1945–1959

Die Botschaft von Amsterdam kann als eine Parallelbotschaft zu Marienfried bezeichnet werden.
Die Seherin von Amsterdam sah die Gottesmutter mit beiden Füßen auf Deutschland stehen. Sie breitete die Hände aus und sah sehr bedrückt auf Deutschland nieder, während sie zu der Seherin sprach: „Kind, ich habe meine beiden Füße darauf gesetzt. Deutschland muß gerettet werden. Der Sohn hat dich gerade hierher gebracht, um das besser zu begreifen. (Diese Botschaft wurde nicht in Amsterdam, sondern in Deutschland gegeben, als die Seherin in Deutschland auf Besuch weilte.) Ich habe viele Kranke genesen lassen", und nun zeigte sie auf Lourdes und auf andere Orte. „Begreifst du jetzt, was ich *hier* will? Es sind hier so *viele kranke Seelen,* die müssen *gerettet werden*" (Botschaft vom 16. 11. 1950).

---

[1] Eine gediegene Kleinschrift: „Die fünf Marien-Samstage", 64 Seiten, ist beim Miriam-Verlag erhältlich.

Mit diesen Worten wird deutlich gemacht, daß sie in Deutschland wie in Lourdes einen Gnadenort will. Aber im Unterschied zu Lourdes will sie *keine körperlich Kranken heilen*, sondern nur *seelisch Kranke*. So hat sie in Marienfried, *zum Zeichen der Echtheit der Botschaft*, am 25. Mai 1946 das *erste Wunder* an der Seele jenes Menschen gewirkt, der sich das Leben nehmen wollte. In Lourdes hat die Gottesmutter *als Zeichen der Echtheit der Botschaft* ein im Sterben liegendes Kind augenblicklich geheilt. Hier also ein sichtbares, handgreifliches Wunder, dort ein geistiges Wunder, das nicht erfaßbar, nicht beweisbar ist.

An einer anderen Stelle der Botschaft von Amsterdam sagt die Gottesmutter in Bezug auf Deutschland: *,,Da ist ein großer gewaltiger Abfall. – Es ist eine schwere Arbeit. Ich warne nur. Die anderen sind eifrig am Werk, das Deutsche Volk von Rom wegzuziehen.* (Von der wahren katholischen Lehre). *Der Sohn will seinen besonderen Schutz geben und hat mich gesandt, Deutschland zu helfen. Aber sie müssen angespornt werden, das zu tun, was ich sage."*

Ein weiterer Hinweis auf die Erscheinung in Marienfried läßt sich aus der ersten Botschaft von Amsterdam ableiten. Die Jungfrau hebt drei Finger hoch, dann vier und hernach die fünf Finger. Und sie sagt dabei: ,,Die drei bedeutet den Monat März, die vier den April und die fünf den 5. Mai". Was soll das bedeuten?

Am 25. März 1945 begannen die Botschaften in Amsterdam. Am *25. April* 1946 gab sie die erste Botschaft in Marienfried. Am 5. Mai 1945 war das Ende des 2. Weltkrieges in Holland. Die Jungfrau will hiermit sagen, daß nach Beendigung des Weltkrieges nun ihr Programm für die Rettung der Welt aus Deutschland in die Welt gebracht werden muß, denn alle Völker hätten ein Anrecht auf ihre Botschaft, weil sie ja die

Frau aller Menschen, aller Völker sei. In Marienfried sagte die Gottesmutter, *daß dies ihre Botschaft an die Welt sei, und daß man die Menschen davon unterrichten müsse.*" *Ich will, daß es die Menschen so erfahren, wie ich es gesagt habe, Wort für Wort"* (25. Juni 1946).

In der Botschaft von Amsterdam spricht sie die Menschen der ganzen Welt an, die einzelnen Länder und Völker. Sie spricht Warnungen aus, gibt aber auch Hinweise und Ratschläge. Sie gibt dort ein Gebet, das für alle Völker und Rassen bestimmt ist, das den Heiligen Geist auf die Erde herabziehen soll. Sie betont, daß sie auch *Miriam* ist, die Jungfrau, die auch von den Moslems hoch verehrt wird. Auch diese sollen zu Christus beten und den Heiligen Geist auf die Erde herabflehen.

In Marienfried spricht Maria, im Unterschied zu Amsterdam, nur *eine bestimmte Gruppe von Menschen* an, ihre Elite, jene, die auf der ganzen Welt als *ihre Kinder sühnend für das Heil und die Rettung aller Menschen und Völker stehen*. Sie vertraut ihnen die besten Hilfsmittel an, die sie zu vergeben hat: *Den Immaculata-Rosenkranz und ihr Herz*. Dies sind Dinge, die nur ein Mensch, der schon tief mit der Gottesmutter verbunden ist, erfassen und begreifen kann. Ihre Kinder sollen gleichsam *Fundament und Boden bilden, auf den sie den Erlösungs- und Friedensplan ihres Sohnes stellen kann*. Ihre Kinder sollen durch Akte *der Sühne* in *Vereinigung mit ihr und ihrem Sohn die Umwandlung der Herzen der Menschen und Völker bewirken*.

Daß die Jungfrau und Mutter Maria dies tatsächlich so meint, macht sie ihren Kindern am Beispiel der Seherin von Amsterdam deutlich. Diese mußte öfters während der Erscheinungen sich vor das Kreuz des Herrn stellen. Sie spürte dabei die furchtbaren Schmerzen

des gekreuzigten Erlösers, so daß sie es kaum auszuhalten vermochte. Dies dauerte so lange, bis sie auf die Seite treten durfte und die Gottesmutter ihren Platz vor dem Kreuze wieder einnahm (Sühneleiden mit dem Herrn am Kreuz).
In Marienfried hat die Seherin das gleiche in ähnlicher Weise erlebt. Der Herr nahm sie ganz hinein in sein Erlöserleiden. Maria bestätigt somit, was sie in der Botschaft von Marienfried sagt: *„Meinen Kindern will ich Kreuze aufladen, schwer und tief wie das Meer, weil ich sie in meinem geopferten Sohne liebe. Ich bitte euch, seid bereit zum Kreuztragen, damit bald Friede wird"* (25. Juni 1946).
In Amsterdam zeigte die Jungfrau den Rosenkranz und sagte: „Dem ist es zu verdanken; aber ausharren" (B. v. 25. März 1945). Will die Jungfrau auf den Immaculata-Rosenkranz hinweisen, den sie am 13. Mai 1940 in Marienfried gelehrt hat? Diesen Rosenkranz bat sie die Seherin *für das Vaterland* zu beten. Sie bezeichnete diesen als den ‚*gnadenreichen Rosenkranz*'. Eine bedeutende Ergänzung finden die beiden Botschaften in Bezug auf die Gnadenmittlerschaft Mariens. In Amsterdam sagte die ‚Frau': „Schau nun gut auf *meine Hände*. Daraus kommen *Strahlen von Gnade, Erlösung und Frieden.*[1] *Die Strahlen scheinen auf alle Völker, auf alle Schafe."*
In Marienfried stellte sich die Jungfrau vor als die „*große Gnadenvermittlerin*. Die Menschen müssen

---

[1] Der Hymnus an die Hl. Dreifaltigkeit, der am Ende der Erscheinungen in Marienfried von den Engeln gebetet wurde, lobpreist Maria als die ‚Tochter des Vaters' als die ‚makellose Gebärerin des Sohnes' und als die ‚sternengekrönte Braut des Hl. Geistes'. Der Titel: ‚Dreimal wunderbare Mutter', kann auch dahin verstanden werden, daß Maria der Welt ‚Gnade vom Vater, Erlösung durch den Sohn und Friede durch den Hl. Geist', als Gnadenvermittlerin schenken wird.

glauben, daß ich als *dauernde Braut des Heiligen Geistes die getreue Vermittlerin aller Gnaden bin*" (25. Juni 1946). Mit diesen zwei Botschaften, die sich gegenseitig ergänzen und in ihrem Zusammenhang als ein Ganzes betrachtet werden müssen, enthüllt die Jungfrau die bis dahin verhüllten Absichten des ewigen Vaters. Er sendet die „Frau", die Mutter des Sohnes, in die Welt, damit sie die zerstreuten Kinder sammle und Satan, den Urheber von Haß und Unheil, vertreibe. Gott vertraut ihr alle Gnadenschätze an, die zum Heil und zur Errettung der Menschen notwendig sind. Durch Vollzug des Herzenstausches soll der Heilige Geist Christus in ihren Kindern neu gebären und die Kirche – der mystische Christus – wird dadurch zur Vollendung geführt werden. Weil aber dieser herrliche Plan von den meisten Menschen nicht verstanden und von vielen, selbst von Dienern der Kirche, nicht gewollt wird, wird die Situation höchst bedrohlich. Maria bittet daher eindringlich und sagt: „*Die Zeit drängt!*" (Amsterdam). Fieberhaft wird vom Feind gearbeitet, um die ganze Welt in seine Gewalt zu bekommen. Er will der Jungfrau mit ihrer Schar zuvorkommen. Er setzt daher alles in Bewegung, daß die Botschaften von Amsterdam und Marienfried nicht bekannt werden. Teilweise gelingt dies auch. Aber wenn ihre Zeit nach dem Plane und Willen Gottes da ist, kann keine dämonische Macht ihre Verbreitung mehr hindern.

Marienfried und die „Offenbarung der göttlichen Liebe"

Die „Offenbarung der göttlichen Liebe" sind Mitteilungen Jesu und Mariens an Mutter Graf im Jahre 1952. Sie widerspiegeln die Bemühungen des Himmels zur Rettung der Welt.

Durch die Sünde der Stammeltern kam der Fluch über die Menschen. An Stelle des Paradieses trat die ,,unvollkommene Welt", die Dornen und Disteln trägt und vom Menschen zur Fristung des Daseins Mühe und Schweiß erfordert und zudem im leiblichen Tod endet.

Gott hat aber bei der Vertreibung aus dem Paradies den Stammeltern versprochen, daß er einst den Paradieseszustand wieder herstellen werde und dazu sandte Er uns als ,,Erlöser" durch die Jungfrau Maria seinen eigenen Sohn. Er will aber das Erlösungswerk nicht allein, d. h. nicht ohne die Mithilfe der Menschen vollenden, denn weil *durch die Menschen* die Sünde und der Fluch über die Erde kam, sollen *sie auch mitwirken,* die Herrschaft der Sünde zu beenden. Dazu wünscht sich Gott Kinder, die seinem Willen ganz ergeben sind und seine Werkzeuge zur Ausführung des göttlichen Ratschlusses werden. Diese sollen die verlorengegangene Ehre Gottes wieder herstellen und Satan, den Widersacher Gottes und der Menschen, beschämen. Schon im Paradies sagt Gott zur Schlange, die Eva verführt hatte: ,,Feindschaft will ich setzen zwischen dir und der Frau, zwischen deinem Sproß und ihrem Sproß. Der wird dir den Kopf zertreten" (Gen. 3,15).

Dies alles verwirklicht sich nun mehr und mehr, sichtbar jedoch nur jenen, die Augen für die Übernatur und das Göttliche haben, besonders aber sichtbar jenen, die mit zur Herstellung der verlorengegangenen Ordnung Gottes auf Erden berufen sind. Diese Menschen unterstellen sich der Jungfrau Maria, denn sie ist diejenige, die dazu auserwählt ist, mit ihren Kindern der Schlange den Kopf zu zertreten.

In der Botschaft von Marienfried finden wir dazu entsprechende Worte:
„Euer Beten und Opfern wird das Bild des Tieres zertrümmern. Dann kann ich mich aller Welt offenbaren zur Ehre des Allmächtigen. Wählt euch mein Zeichen, damit der Dreieinige bald von allen angebetet und geehrt werde." Maria will also, daß wir alle dazu beitragen, die Ehre Gottes wieder herzustellen. Dazu ist nötig, daß wir unseren menschlichen Willen ganz dem göttlichen unterwerfen, damit wir mit dem göttlichen Geist wieder „eins" werden. Hierin gipfelt wiederum der *Gedanke des Herzenstausches mit Maria,* der in der Vereinigung mit Christus, der in der Einheit mit dem Vater und dem Heiligen Geist „ein Gott" ist, seine Vollendung findet.

In der „Offenbarung der göttlichen Liebe kommen diese Gedanken alle zum Ausdruck. Sie geben ein klares, umfassendes Bild über das gesamte Erlösungswerk. Es wird uns aber auch deutlich gemacht, daß dies alles durch Maria, die Mutter des neuen Menschengeschlechtes, gewirkt werden muß, und daß wir deshalb uns ganz ihrem Dienst verschreiben und weihen sollen. So wie Satan versucht, alle Menschen von Gott wegzuziehen und auf seine Seite zu bringen, so ist Maria die von Gott erwählte Frau, die alle Menschen zu Gott hinzuführen hat. Maria ist die eindeutige Widersacherin Satans. In diesem gewaltigen Entscheidungskampf kommt es klar zum Ausdruck.

Zur Bestätigung, daß dies alles so ist, sagte Jesus die verheißenden Worte zur Mutter Graf:
„Den Fluch der Sünde will ich wegnehmen von denen, die mir durch Maria Barmherzigkeit erweisen, und meinen Frieden will ich ihnen geben. Dies will uns doch sagen, daß wir Jesus einen Liebesdienst erweisen, wenn wir

uns ganz dem Dienst Mariens weihen. Sie ist berufen, die verlorengegangene Ordnung wieder herzustellen, dazu nimmt sie Menschen, ihre Kinder in Dienst. Daher ist es für jeden Menschen *eine große Ehre*, im Dienste Mariens zu stehen, und keine Mühe und kein Opfer darf uns dafür zu schwer sein. Wichtig aber ist, daß wir unseren Willen dem ihrigen unterstellen, denn sie ist die Anführerin und einstige Siegerin nach dem Willen Gottes; ihre erwählten Kinder sind ihr Streitheer. All diese Gedanken widerspiegeln sich in der Botschaft von Marienfried, weil sie die Botschaft von der Erwählung der Kinder Mariens für den Endkampf ist. Sie ist daher nur einer kleinen todesmutigen Schar verständlich, die alle irdischen Belange hintenan setzt und ganz dem Dienste Gottes ergeben ist. Bei allen anderen Menschen findet sie Widerspruch und Anstoß. Sie ist eine Botschaft, die diametral gegen den Geist der Welt gerichtet ist. Sie ist aber auch eine Botschaft, die den Endsieg verbürgt und andeutet mit den Worten:

,,Der Stern des Abgrundes wird wütender toben denn je und furchtbare Verwüstungen anrichten, weil er weiß, daß seine Zeit kurz ist und weil er sieht, daß sich schon viele um mein Zeichen geschart haben. Über diese hat er keine Macht, wenn er auch den Leib vieler töten wird. Aber aus diesem für mich gebrachten Opfer erwächst meine Macht, die restliche Schar zum Sieg für Christus zu führen.''

Aus all dem ergibt sich folgende Schlußfolgerung: Was Maria in der Botschaft von Marienfried von uns verlangt, ist höchste Anforderung, aber auch Berufung – ein Gnadengeschenk Gottes. Gott will nichts ohne Maria zu unserer Erlösung tun, sie aber will alles durch unsere Mithilfe zur Ehre Gottes verwirklichen. Maria hatte einst das ,,Jawort'' ganz bewußt zu Gottes

Erlösungsplan gesprochen, Maria will, daß auch wir, *ihre Kinder*, unser „Jawort" dazu sprechen und uns restlos in Gottes Dienst stellen. Dies ist notwendig, denn so wie heutzutage Satan unverhüllt mit aller Macht auf jedem Gebiet gegen Gott und das Heil der Menschen ankämpft, so daß viele Menschen ewig verlorengehen, so entschieden müssen auch die Kinder Gottes sich mit Leib und Seele in den Dienst Gottes stellen. Dazu ruft und beruft uns die Siegerin in allen Schlachten Gottes: unsere Mutter Maria. Allen ihren treuen Kindern drückt sie ihr Zeichen auf die Stirne. Es ist ihr Siegel, ihr Zeichen der Ganzhingabe an Gott, aber auch das Zeichen der völligen Einheit mit Jesus und Maria. So wie Christus sich ganz für die Rettung des Menschengeschlechtes hingeopfert hat, so werden auch die Kinder Mariens sich hinopfern und in und mit Christus den Sieg über Sünde und Tod erringen. Dies geschieht mehr und mehr je mächtiger und bedrohlicher die Angriffe Satans werden. Maria ruht nicht, immer neue Scharen für die Sache ihres Sohnes herbeizuführen. „Wer Augen hat zu sehen, der sehe!" Das Menschengeschlecht steht vor seiner schwersten Entscheidung. Es geht nun endgültig um das ewige Heil – ob wir zukünftig der Herrschaft Satans verfallen, oder ob wir Gott unser künftiges Leben weihen? Ob die Welt wieder Paradies Gottes und der Menschen wird, oder ob Satan als Fürst der Welt für immer seine Herrschaft hier aufrichtet? Im Augenblick scheint es, daß er beinahe am Ziel sei, aber es wird ihm nicht gelingen, weil nun Maria ihre Streitschar zum Hauptangriff sammelt. Am Ende wird ihr mütterliches Herz triumphieren, weil es keinen Augenblick davon abgelassen hat, den Willen des himmlischen Vaters zu erfüllen.

Marienfried und die Apokalypse

Wer die Geheime Offenbarung kennt, weiß, daß sie ein dunkles, versiegeltes Buch ist, das nur sehr schwer verstanden und gedeutet werden kann. Und doch war sie das große Trostbuch der Christenheit durch alle Jahrhunderte.

In bezug auf Marienfried ist auffallend, daß der Seherin die Botschaft vom 25. April 1946, welche die Gottesmutter gab, ebenfalls unverständlich und dunkel erschien. Sie wußte damit nichts anzufangen. Diese Worte sind nicht die Sprache der Welt, sondern die Sprache der Apokalypse. Durch alle Botschaften ist dieser Geist spürbar.

Die Botschaft vom 25. April macht den Kampf deutlich, der in der Apokalypse im 12. Kapitel beschrieben ist. Da nun die Zeit ihrer Erfüllung nahe ist, kommt die Gottesmutter, um darauf hinzuweisen.

Anschließend folgen nun die wichtigsten Teile der Apokalypse, die auf die Botschaften von Marienfried Bezug haben. Die Worte von Marienfried werden den Texten gegenübergestellt. Eine Kommentierung scheint nicht notwendig, da das Ganze eine deutliche, unmißverständliche Sprache redet.

,,Es erschien am Himmel ein großes Zeichen: eine hehre Frau, umkleidet mit der Sonne'' (Offb. 12,1).

Mfd.: ,,*Ich bin das Zeichen des lebendigen Gottes. Ich drücke mein Zeichen meinen Kindern auf die Stirne*'' (25. April 1946).

,,*Sonnengehüllte Tochter*'' (25. Juni 1946).

,,Und ein anderes Zeichen erschien am Himmel: ein feuerroter, großer Drache (Sinnbild des Teufels); der hatte sieben Köpfe und zehn Hörner und auf seinen Köpfen sieben Kronen und sein Schwanz fegte ein Drittel der Sterne des Himmels hinweg und warf sie auf die Erde. Und der Drache steht vor der Frau, die gebären sollte, um, sobald sie geboren hätte, ihr Kind zu verschlingen" (Offb. 12, 3–4).

Mfd.: *Der Stern wird mein Zeichen verfolgen. Mein Zeichen aber wird den Stern besiegen"* (25. April 1946).
,,Stern des Abgrundes" (25. Mai 1946).

Und sie gebar einen Knaben, der *herrschen soll mit ehernem Zepter über alle Völker* (der Messias). Darauf wird ihr Kind zu Gott und seinem Throne entrückt" (Offb. 12,5).

Mfd.: *,,Erfüllt meine Bitte, damit Christus bald als Friedenskönig herrschen kann"* (25. Mai 1946).
,,Dann wird Christus als Friedenskönig über alle Völker herrschen" (25. Mai 1946).
,,Ich will, daß noch viele als ,mir geweihte Opfer' die Macht geben, das Reich des Friedenskönigs zu schaffen" (25. Juni 1946).

,,Da kam es zu einem Kampf am Himmel: Michael mit seinen Engeln schickte sich an, mit dem Drachen zu kämpfen, und der Drache mit seinen Engeln trat ihm entgegen; aber sie vermochten sich nicht zu behaupten, und es blieb am Himmel keine Stätte mehr für sie. Herabgestürzt ward der große Drache, genannt der Verleumder und Widersacher, der die ganze Welt verführt, herabgestürzt ward er auf die Erde, und mit ihm wurden auch seine Engel gestürzt" (Offb. 12, 7–97).

,,Aber wehe dem Lande und dem Meere! Denn der Teufel ist zu euch niedergefahren mit gewaltigem

Zorne, wissend, daß er *nur noch kurze Zeit hat*" (Offb. 12, 12).

Mfd.: *"Der Stern des Abgrundes wird wütender toben denn je und furchtbare Verwüstungen anrichten, weil er weiß, daß seine Zeit kurz ist und weil er sieht, daß sich schon viele um mein Zeichen geschart haben"* (25. Mai 1946).

Da nun der Drache sah, daß er auf die Erde gestürzt war, verfolgte er die Frau, die den Knaben geboren hatte" (Offb. 12, 13).

Mfd.: *"Der Stern wird mein Zeichen verfolgen"*
(25. April 1946).

"Über diese (meine Kinder) hat er keine Macht, wenn er auch den Leib vieler töten wird."

"Überall, wo die Menschen nicht auf mein Unbeflecktes Herz vertrauen, hat der Teufel Macht. Wo aber die Menschen an Stelle ihrer sündigen Herzen mein Unbeflecktes Herz setzen, hat er keine Macht. Er wird aber meine Kinder verfolgen. Sie werden verachtet werden, aber er kann ihnen nichts anhaben"
(25. Mai 1946).

"Da spie die Schlange Wasser aus ihrem Maule hinter der Frau her wie einen Strom, um sie damit wegzuschwemmen; aber die Erde kam der Frau zu Hilfe; sie öffnete ihren Mund und verschluckte den Strom, den der Drache aus seinem Maule gespien" (Offb. 12, 15-16).

Mfd.: *"Ich muß mich mit meinen Kindern zurückziehen. Im Verborgenen will ich Wunder an den Seelen wirken, bis die Zahl der Opfer voll ist. An euch liegt es, die Tage der Dunkelheit abzukürzen. Euer Beten und Opfern wird das Bild des Tieres zertrümmern"*
(25. Juni 1946).

,,Da ergrimmte der Drache über die Frau und ging hin, ,Krieg zu führen' gegen die übrigen ihrer Kinder, welche die Gebote des Herrn und am Zeugnis Jesu festhalten" (Offb. 12,17).

Mfd.: *Über diese hat er keine Macht, wenn er auch den Leib vieler töten wird. Aber aus diesem, für mich gebrachten Opfer erwächst meine Macht, die restliche Schar zum Sieg für Christus zu führen. Einige ließen sich mein Zeichen schon eindrücken, und es werden immer mehr werden. Euch, meinen Kindern, will ich sagen: Vergeßt in den blutigsten Tagen nicht, daß gerade dieses Kreuz eine Gnade ist, und dankt dem Vater immer wieder für diese Gnade"* (25. Mai 1946).
,,*Die Apostel und Priester sollen sich mir alle besonders weihen, damit die großen Opfer, die der Unerforschliche gerade von ihnen fordert, zunehmen an Heiligkeit und Wert, wenn sie in meine Hände gelegt werden"* (25. Juni 1946).

,,Und ich hörte eine gewaltige Stimme aus dem Tempel, die den sieben Engeln zurief: ,,Ziehet hin und schüttet die sieben Zornschalen Gottes auf die Erde aus" (Offb. 16,1).

Mfd.: ,,*Deshalb goß der Vater seine Zornesschale über die Völker aus, weil sie seinen Sohn verstoßen haben"* (25. Mai 1946).

,,Und so werden sie das Lamm bekämpfen; aber das Lamm wird über sie siegen: denn es ist der Herr der Herren, der König der Könige, und (siegen werden) die IHM Zugehörigen, die Berufenen, Auserwählten, Getreuen" (Offb. 17,14).

Mfd.: ,,*Mein Zeichen aber wird den Stern besiegen"* (25. April 1946).

„Aber aus diesem, für mich gebrachten Opfer erwächst meine Macht, die restliche Schar zum Sieg für Christus zu führen" (25. Mai 1946).

„Und siehe, das Lamm stand auf dem Berge Sion, und mit IHM Hundertvierundvierzigtausend (die Gemeinschaft der Heiligen). Sie tragen seinen Namen und den Namen seines Vaters auf ihrer Stirne geschrieben. Ich hörte auch einen Klang (von Engelchören) aus dem Himmel, wie das Rauschen vieler Wasser und wie das Rollen gewaltigen Donners; und bei dem Klang, den ich hörte, war es, wie wenn Harfenspieler auf ihren Harfen spielen. *,Sie singen ein neues Lied'* vor dem Throne, vor den vier Wesen und den Ältesten, und niemand konnte ihr Lied vernehmen als die Hundertvierundvierzigtausend, die von der Erde losgekauft sind" (Offb. 14, 1–3).

Mfd.: *„Als die Erscheinung aufhörte zu sprechen, war auf einmal eine große Schar um sie her. Sie hatten lange weiße Kleider an, knieten auf der Erde und verneigten sich tief. Sie beteten ein eigenartiges Gebet, ein Preisgebet zum Vater. Am Anfang wurde ‚von einem neuen Lied' gesprochen. Dann betete ein Teil der Gestalten ein anderes Gebet zum Vater. Wie ein Echo sprach ein anderer Teil der Gestalten jeden Abschnitt nach. Wieder eine Gruppe, es waren sehr viele, riefen: ‚Heilig, heilig, heilig . . .' Dann folgte in gleicher Weise ein Lob auf den Sohn. Zuerst ein herrliches Gebet von den weißen Gestalten, das am Anfang auch begann: ‚Ein neues Lied . . .' Danach folgte ein anderes Gebet, das in gleicher Weise vorgetragen wurde wie das zum Vater. Es folgte dann in gleicher Weise ein Lobpreis auf den Heiligen Geist"*
(25. Juni 1946).

In der Geheimen Offenbarung finden wir die Schilderung über die Zeit des Antichristen. Von ihm selbst heißt es: ,,Auch wirkt er große Zeichen, sogar Feuer läßt er vom Himmel auf die Erde fallen, vor den Augen der Menschen. Und er verführt die Erdbewohner durch die Zeichen, die ihm vor dem Tier zu wirken gegeben sind" (Offb. 13,13–14).

In Marienfried hat die Gottesmutter in apokalyptischer Sprache zu uns gesprochen. Sie will uns damit auf die ‚Zeichen der Zeit' hinweisen, wie Christus uns selbst gelehrt hat. ,,Wenn dies alles zu geschehen beginnt, dann wisset, die Zeit ist nahe" (Mk. 13,29).

Auffallend ist, daß sie weder in Marienfried noch in Amsterdam ein sichtbares Zeichen zum Beweis der Echtheit ihrer Botschaft gewirkt hat. Sie wirkte nur ‚unsichtbare' Zeichen. Denn schon steht der Feind, der Widersacher, vor der Türe, der mit Zeichen und Wundern selbst ihre Kinder zu verführen sucht. Deshalb spricht sie die Worte: ,,Ich will im Verborgenen wirken als die große Gnadenvermittlerin". Die Gottesmutter will uns warnen, daß wir nicht auf die Zeichen und Wunder der falschen Propheten hereinfallen und irregeführt werden. Dem Antichristen ist in der Endzeit Macht gegeben, viele Zeichen und Wunder zu wirken, um selbst die Auserwählten irrezuführen (Mk. 13,22–23). Ganz im Einklang mit den Worten ihres Sohnes spricht sie die mahnenden Worte:

Mfd.: *,,Wir stehen vor einer Zeit, in der alle jene irre werden, die nur der sichtbaren Wunder wegen an sie glauben"* (25. Juni 1946).

Wir sollen uns ganz auf das Evangelium ausrichten, alle Wundersucht beiseitelassen und in aller Demut im Geiste Mariens den Willen Gottes zu erfüllen suchen.

DIE ENTWICKLUNG MARIENFRIEDS

Bau und Einweihung der Kapelle

Im Frühjahr des Jahres 1946 begann man mit der Planung und Vorbereitung des Kapellenbaues als Erfüllung des Gelöbnisses. Nachdem der Bauplatz gefunden war, ging es um die kirchliche und staatliche Genehmigung des Vorhabens, die ohne Einwendungen gegeben wurden. Der Bauplatz wurde vom Eigentümer, Herrn Josef Inhofer, kostenlos zur Verfügung gestellt. Später trat er seinen 3000 qm großen Waldstreifen zu beiden Seiten der Kapelle in einem Kaufvertrag an die Kirchenstiftung Pfaffenhofen ab. Dazu kam im Jahre 1965 noch die 2 Tgw. große Wiese östlich der Kapelle, die von den Schwestern Lore und Josefine Spiegler aus Pfaffenhofen der Kapelle geschenkt wurde. Viele Leute aus der Pfarrgemeinde und von auswärts halfen durch Materialspenden und Arbeitsleistung wirksam mit zum Gelingen des Kapellenbaues.

Damit wollte man das Gelübde einlösen, das man der Gottesmutter in den schweren Kriegstagen von 1944 gemacht hatte. Die Gemeinde Pfaffenhofen kam ohne nennenswerte Schäden durch alle Kriegsjahre hindurch. Daß dies ohne den besonderen Schutz der Gottesmutter hätte anders ausgehen können, kann man aus den Worten schließen, welche die Gottesmutter zu Bärbel gesagt hatte: ,,Ich habe euren Wunsch erfüllt, haltet ihr euer Versprechen!"
Nun war die ganze Pfarrei mit Eifer dabei, eine würdige schöne Marien-Kapelle zu bauen. Der erwählte Platz am Waldesrand war wirklich sehr geeignet, und

die Arbeiten gingen flott voran. Alle Steine zum Bau der Kapelle wurden von der Ruine des Hauses von Oberbürgermeister Dr. Nuißl aus Ulm herbeigeschafft. Die notwendigen Geldmittel kamen durch Spenden zusammen. Die Planung und Bauarbeiten besorgte Baumeister Josef Eberhardinger. An der Planung war maßgebend auch Reg.-Direktor Vollert von Augsburg beteiligt.

Pfarrer Humpf hatte ursprünglich den Wunsch, eine geschnitzte Madonna in die Kapelle zu stellen. Nachdem aber die Erscheinung am 25. Juni gesagt hatte, man solle das Bild der ‚Dreimal wunderbaren Mutter' nehmen, beugte er sich diesem Wunsch. Er ließ von Prof. Otto Rückert, Direktor der Kunstakademie München, ein großes Altarbild malen, das vorne im Chor über dem Altar seinen Platz erhielt. Es war eine würdige und gut gelungene Darstellung der Gottesmutter mit dem Jesuskind und sprach alle Beter innerlich an. Im Jahre 1971 wurde es jedoch aus der Kapelle entfernt, weil die Schönstatt-Familie die Kapelle zu einer ,,Schönstatt-Kapelle" entsprechend dem Urheiligtum von Schönstatt umgestaltete. Nach Vollendung der Notkirche 1972 kam es auf Wunsch der Marienfried-Pilger zusammen mit dem Marienfried-Altar in den Chorraum der Notkirche. Leider wurde es aber beim Brand der Notkirche, am 3. August 1973, ein Raub der Flammen. Der Kirchenmaler Alfred Schmid versuchte eine Rekonstruktion des Gnadenbildes, kam aber an das Originalbild nicht ganz heran, deshalb wird sich in der Zukunft die Frage erneut nach einem geeigneteren Gnadenbild stellen.

Auf die Vorderseite des Altars waren die Worte gesetzt:

Descendat Maria ut fiat Germania sancta Mariana
Steige, Maria, steige zur Erde,
damit Deutschland heiliges Marienland werde.

Auf die Leuchterbank, die auf dem Altar ruht, waren die Worte geschrieben:

Ich bin die große Gnadenvermittlerin.

Links und rechts vom Tabernakel befanden sich Reliefs mit Engeln, die den Tabernakel beräuchern.
Den Tabernakel mit Bronzetürverkleidung schuf der Bildhauer Siegfried Fricker aus Jestetten. Die Figuren der Tabernakeltüren stellen die Gottesmutter als Gnadenmittlerin dar, wie sie ihre Kinder zum Kreuzesopfer ihres Sohnes hinführt. Eine Darstellung, die zur Kapelle der ‚Wunderbaren Mutter' und ‚Vermittlerin aller Gnaden' sinnvoll paßt.

Firma Zettler aus München schuf die eindrucksvollen Glasgemälde mit den sinnreichen Symbolen, die Beziehungen zwischen dem Christus- und Marienleben darstellen. Diese acht in barocker Form gestalteten Fenster lassen viel Licht einfließen und geben dem Kapelleninneren einen betont freundlichen Charakter, eine Atmosphäre der Beheimatung, wie in der guten Stube der Gottesmutter. Vom großen Altarbild begrüßt ihr Auge den eintretenden Besucher milde und ernst zugleich. Man hat den Eindruck, als ob ihr Mutterauge einem bis auf den Grund der Seele dringe, ganz gleich, ob man im Mittelgang steht oder in einer Bank kniet. Das erste Fensterpaar trägt die Inschrift:

Tu rex gloriae Christe! – Christus, du König der Herrlichkeit!

Regina coeli! – Königin des Himmels!

Das zweite Fensterpaar:
Hostia sancta, hostia immaculata! – Die heilige, die makellose Opfergabe!
Consors et sponsa Christi! – Die Braut und Gehilfin Christi!

Das dritte Fensterpaar:
Benedicta sit sancta Trinitas, quae Mariam donavit! – Gepriesen sei die heiligste Dreifaltigkeit, die uns Maria geschenkt hat!
Ave Maria, gratia plena! – Gegrüßet seiest du Maria, voll der Gnade!

Das vierte Fensterpaar:
Mediatrix omnium gratiarum! – Vermittlerin aller Gnaden!
Rosa mystica! – Die geheimnisvolle Rose!

Die Gestaltung der Kapelle kann als gut gelungen bezeichnet werden. Sie trägt einen ausgeprägten marianischen Charakter.
Am 18. Mai 1947 war es soweit, daß die Kapelle eingeweiht werden konnte. In einer schönen, würdigen Feierstunde, an der viele Leute von nah und fern teilnahmen, wurde die Kapelle von Dekan Geistl. Rat Eduard Schmid, Weißenhorn, benediziert.
Im Jahre 1971 wurde der Chorraum erweitert entsprechend dem Schönstatt-Urheiligtum in Schönstatt. Der neue Schönstatt-Altar wurde am 31. Mai 1971 vom Diözesanpräses der Schönstatt-Familie, Dr. Adalbert Vogel, eingeweiht. Der ursprüngliche Altar kam 1972 in die Notkirche, wo er leider im Jahre 1973 verbrannte.

Die kirchliche Untersuchung

Nachdem die Erscheinungen im Jahre 1946 stattgefunden hatten, faßte der Ortspfarrer Martin Humpf die Ereignisse in einem Bericht zusammen und überbrachte diesen an das zuständige Ordinariat in Augsburg. Der Bischof verhielt sich zunächst abwartend. Er setzte jedoch bald eine Kommission ein, die unter Dr. Josef Kumpfmüller († 9. 2. 1949) und seinem Nachfolger Dr. Freundorfer von 1947–1950 Untersuchungen vornahm.

Sie stellte fest, daß sich weder in den Botschaften noch in den Begleitumständen etwas findet, was mit dem katholischen Glauben nicht in Einklang steht. Doch gelangte sie zur Ansicht, daß die Übernatürlichkeit der Erscheinung nicht feststehe. Als Kriterium der Echtheit wird ein Wunder gefordert, z. B. eine plötzliche Krankenheilung, die auf natürliche Art und Weise nicht erklärbar ist. Weil aber Wunder im sichtbaren Bereich nicht stattfanden, konnte die Übernatürlichkeit nicht nachgewiesen werden. Schließlich kam die Untersuchungskommission zur Auffassung, daß eine Marienerscheinung, die nicht als ‚echt' nachgewiesen werden kann, auch nicht verbreitet werden soll.

Dem Ortspfarrer Humpf wurde darum nach Abschluß der Untersuchung verboten, über die Erscheinungen zu predigen oder sie auf andere Art und Weise zu verbreiten. In der Kapelle durfte nach wie vor gebetet werden. Sie stand für die Besucher Tag und Nacht offen.
Im Amtsblatt der Diözese Augsburg wurde aber kein Verbot erlassen. Somit gilt die Botschaft von Marien-

fried in der Öffentlichkeit als von der Kirche weder abgelehnt noch anerkannt. Jeder hat das Recht, daran zu glauben.

Marienfried in der Bewährung

Für die Personen in Pfaffenhofen, die mit den Erscheinungen näher verbunden waren, bedeutete das Redeverbot, das dem Ortspfarrer auferlegt wurde, eine sehr harte Prüfung.
Es bewahrheitete sich sehr schnell, was die Gottesmutter der Seherin ankündigte: ,,Es wird eine Zeit kommen, da wirst du ganz allein stehen und furchtbar verleumdet werden, denn der Teufel weiß die Menschen zu blenden, daß sich sogar die Besten täuschen lassen." Dies alles erfüllte sich nun buchstäblich an der Seherin und an den anderen Beteiligten. In dieser schweren Prüfung zeigten sie durch Unterwerfung eine echt kirchliche Haltung. Daß die Prüfung von den Beteiligten gut bestanden wurde, beweist allein schon die Tatsache, daß Pfarrer Humpf von Pfaffenhofen nicht abberufen oder strafversetzt werden konnte. Dies wäre ohne Zweifel dann geschehen, wenn er sich nicht an die bischöflichen Weisungen gehalten hätte.
Um die Erscheinungen wurde es in der Öffentlichkeit allmählich ruhig. Stille Beter waren jedoch immer am Erscheinungsort zu finden. Die Kapelle war für alle da und von Leuten aus nah und fern wurde sie gerne besucht. Die Schönstatt-Gruppe von Pfaffenhofen hielt in der Kapelle ihre regelmäßigen Bündnisfeiern und sonstige Andachten ab. Indes blühte das religiöse Leben in der Pfarrei Pfaffenhofen immer mehr. Man konnte nicht übersehen, daß sich auf die Pfarrei Pfaffenhofen ein ganz besonderer Segen ergoß. Während

der 20 Jahre seit dem Erscheinungsgeschehen waren es nicht weniger als 20 Berufungen zum Priester- oder Ordensstand, die aus der Pfarrei hervorkamen. Einige der Berufenen erklärten, daß sie den Ruf zum Dienste Gottes in der Kapelle von Marienfried erhalten hätten. Diese erfreulichen Dinge waren aber für Pfarrer Humpf kein Anlaß, in Augsburg bei seinen Vorgesetzten eine Überprüfung oder gar Neu-Prüfung des Erscheinungsgeschehens zu beantragen. Er wollte diesbezüglich alles der Gottesmutter überlassen und er vertraute darauf, daß sie alles zum guten Ende führen werde, sofern er sich treu und der Kirche gehorsam erweisen würde. Mehr glaubte er zum Wohle der Sache nicht tun zu können.

Marienfried entfaltet sich

Am Pfingstmontag, 20. 5. 1966, kamen zahlreiche Pilger aus nah und fern zur Zwanzigjahrfeier der Kapelle und Botschaft Marienfried. Im 25. Jubiläumsjahr 1970/71 wurde der Pilgerstrom sehr groß. Die Kapelle war meistens zu klein und so reifte der Plan, eine Wallfahrtskirche zu bauen. Sie konnte am 23. Juli 1972 von Weihbischof Schmid, Augsburg, benediziert werden. In diesem Jahr nahm die Zahl der Marienfried-Pilger noch zu. Sie kamen überwiegend von weither, sogar aus dem Auslande, aus Österreich und aus der Schweiz. Für die Omnibusse, die an zahlreichen Sonntagen Pilger brachten, mußte ein Parkplatz angelegt werden. Manchmal kommen auch Priester mit. Da sich die Botschaft von Marienfried inhaltlich mit den Gedanken Schönstatts, Fatimas, Lourdes und Ludwig Grignions berührt, fehlte es den Predigern

nicht an Anknüpfungspunkten für ihre Ansprachen. Besondere Anziehungskraft übt Marienfried aus auf die Mitglieder der großen Marianischen Bewegungen: der Schönstattbewegung, der Blauen Armee Mariens, der Legio Mariä und des Engelwerks.
Von seiten der zuständigen kirchlichen Obrigkeit, des Bischöflichen Ordinariats Augsburg sind seit 1966 alle kirchlichen Einschränkungen der Anfangszeit aufgehoben worden. Seit dieser Zeit darf in der Kapelle zelebriert und das Allerheiligste aufbewahrt werden (13. 9. 1966). Von derselben Stelle wurde auch die kirchliche Druckerlaubnis für den Immaculata-Rosenkranz, den Hymnus an die Heiligste Dreifaltigkeit (27. 10. 1966) und für die ,,Botschaft von Marienfried" am 14. 2. 1969 in der Schrift von Josef Künzli: ,,Ich bin das Zeichen" Seite 98–107, gegeben. Mit kirchlicher Druckerlaubnis ist zwar nichts über die Übernatürlichkeit der Botschaft, jedoch über ihre Übereinstimmung mit der katholischen Glaubenswahrheit ausgesagt.

Marienfried wird ein Gebetsort

Trotz vieler Schwierigkeiten und Hemmnisse nimmt Marienfried von Jahr zu Jahr an Bedeutung zu. Nachdem die erste Notkirche im Jahre 1973 abgebrannt war, beschloß der Marienfried e. V. eine neue Notkirche zu bauen. Sie wurde im Jahre 1974 fertiggestellt und von Bischof Stimpfle, Augsburg, am 5. 10. 1974 zusammen mit dem Marienfried-Haus, das Priesterwohnung, Gästezimmer und Versammlungsräume umfaßt, feierlich eingeweiht, unter großer Beteiligung der Bevölkerung von nah und fern. Die Finanzierung wurde von Spenden gedeckt, denn von kirchlicher Seite waren keine Zuschüsse zu bekommen. Die große Spendefreudigkeit jedoch zeigt, daß die Pilger für Marienfried große Opfer zu bringen bereit sind. Obwohl das ganze Jahr hindurch stille Beter von überall her nach Marienfried kommen, so ragen doch wie Leuchttürme die jährlichen Sternwallfahrten der ,,Blauen Armee Mariens" (Fatima-Apostolat) aus dem Pilgerstrom heraus.

Im Jahre 1974 nahm erstmals ein Bischof an der Sternwallfahrt in Marienfried teil, und zwar der höchste Repräsentant der Fatima-Bewegung, Bischof Venancio Pereira aus Fatima, Portugal. Er sagte in seiner Begrüßungsansprache, ,,daß er schon lange gewünscht habe, nach Marienfried zu kommen, denn Marienfried und Fatima sind eng miteinander verbunden. In Fatima heißt der Ort der Marienerscheinung ‚Cova da Iria' – Tal des Friedens, hier in Marienfried – Friede Mariens. Beide Orte haben die besondere Mission von Gott, in Welt und Kirche der Menschheit den lang ersehnten Frieden zu erlangen."

Bei dem großen Hauptgottesdienst, der im Freien wegen der großen Pilgermenge abgehalten werden mußte, sprach er ausführlich über ,,Die Verehrung des Unbefleckten Herzens Mariens und über Sinn und Bedeutung der Marienweihe". Am Nachmittag sprach vor der großen Pilgerschar (ca. 6000) Prior Thomas Niggl aus Weltenburg über die Botschaft von Marienfried. Seine überzeugenden Worte waren aus dem Herzen gesprochen und fanden daher bei den Zuhörern gute Aufnahme, Freude und Dank. Für alle Teilnehmer war diese Wallfahrt ein großes Erlebnis und für Marienfried ein noch nie dagewesener Höhepunkt. Alle spürten nun, daß Marienfried und Fatima engste Beziehungen zueinander haben.

Im folgenden Jahr, 1975, ließ es sich der Bischof von Fatima nicht nehmen, wiederum an der Sternwallfahrt in Marienfried teilzunehmen, denn er wollte bei diesem Anlaß selbst die Weihe der Fatima-Grotte vornehmen, die in Marienfried zum Zeichen der Verbundenheit gebaut wurde.
Die Marienstatue kam direkt von Fatima und wurde von den Mitgliedern der Blauen Armee gespendet. Der Bischof von Fatima nahm feierlich die Weihe der Grotte und die Krönung der Marienstatue vor. Zum Zeichen der Verehrung und Treue wurde die Weihe-Erneuerung an die Jungfrau Maria öffentlich vorgenommen. Eine noch nie in Marienfried gesehene Pilgerschar von ca. 10 000 Personen nahm an diesem großen Gebets- und Sühnetag der Blauen Armee Mariens teil. Der Bischof von Fatima faßte seinen Eindruck in die Worte zusammen: „Das Heiligtum Marienfried bedeutet für mich eine Synthese der Marienverehrung unserer Zeit.[1] Es gehört zu den vollkommensten Marianischen Heiligtümern der katholischen Kirche, wo die Gottesmutter so vielseitig verehrt wird."

Am 25. Juli 1976 erreichte die Sternwallfahrt die bis dahin unerreichte Pilgerschar von ca. 12 000. Das Pontifikalamt mit Predigt hielt Bischof Dr. Rudolf Graber, Regensburg. Seine Worte fanden bei allen Pilgern ein gewaltiges Echo, denn sie beschworen den Ernst der Stunde und zeigten, daß in der Botschaft von Marienfried uns aller Schutz und alle Hilfe für die apokalyptische Geistesauseinandersetzung gegeben ist. Ihrer Be-

---

[1] Synthese – Zusammenfassung einer Vielzahl selbständiger Teile zu einem einheitlichen Ganzen.

deutung wegen wird die Predigt von Bischof Rudolf Graber im Anhang vollständig wiedergegeben.
Je mehr nun die geistige Auseinandersetzung mit den Mächten der Finsternis im Innern und auch außerhalb der Kirche tobt, um so mehr Bedeutung wird die Botschaft von Marienfried bekommen. Sie ist ein Bollwerk gegen die satanischen Mächte und wird entscheidend beitragen, den Sieg für Christus zu erringen. Dies jedoch nicht in Worten, sondern Taten und zwar von jenen, die sich Maria ganz ausliefern, um das Reich Christi, des Friedenskönigs, zu schaffen. Spätere Generationen werden dies dankbar erkennen und Marienfried den Platz einräumen, der ihm von Gott im Heilsplan zugeordnet ist. Wir aber sind aufgerufen, den Geist der Botschaft zu leben und das Gnadenwirken Mariens zu bezeugen, indem wir mit Maria ,,Zeichen Gottes'' sind. Dies ist der Kern und der Auftrag der Botschaft von Marienfried.

Der Gottesraub im Heiligtum Marienfried

Wo die Gottesmutter in besonderer Weise hervortritt und ihre Wirksamkeit entfaltet, treten auch die diabolischen Mächte über kurz oder lang auf den Plan. Die Voraussage im Protoevangelium: ,,Sie wird dir den Kopf zertreten, du wirst ihrer Ferse nachstellen'', geht im Laufe der Kirchen- und Heilsgeschichte stets neu in Erfüllung.
So hat man in Marienfried von Anfang an erfahren: Kampf, ja offene Verleumdung und Anfeindung. Immer wieder wurden die hintergründigen, teuflischen Mächte greifbar und spürbar.
Seit dem 24. Oktober 1966, dem Fest des hl. Erzengels

Raphael, ist der eucharistische Gottkönig (mit oberhirtlicher Genehmigung) in der Kapelle dauernd gegenwärtig. Mutter und Kind, Jesus und Maria, gehören zusammen. Echte Marienverehrung führt notwendig hin zu einer lebendigen, tiefen Christusbezogenheit, ja Christusinnigkeit.

Am 4. Juni 1970, dem Vorabend des Herz-Jesu-Festes, haben Frevlerhände das Heiligtum Marienfried entweiht und geschändet. Zwischen 15 und 16 Uhr wurde der Tabernakel mit dem Allerheiligsten (Speisekelch mit ca. 200 hl. Hostien und Custodia mit großer Hostie für die Monstranz) mit roher, brutaler Gewalt weggerissen und mitgenommen. Die Kapelle war in dieser Woche wegen des Patroziniums vom 31.. Mai besonders schön mit Lilien und Rosen geschmückt. Nach dem Einbruch bot die Kapelle ein Bild der Verwüstung; Blumenvasen waren umgeworfen, die Blumen zertreten. Eine große schöne Kerze, die mit dem Bild der Patrona Bavaria geschmückt war, wurde in drei Stücke zerbrochen, die mittlere große Zierkerze und die Altarleuchter umgeworfen, angeschlagen. Der Statue des heiligen Josef waren alle Finger der linken Hand, die er schützend über das Gotteskind hielt, abgeschlagen. Im Pilgerbuch war ein Blatt, auf dem ein Pilger seine Anliegen niedergeschrieben hatte, herausgerissen und zum Hohn auf den leeren Platz, wo der Tabernakel stand, gelegt worden. Im aufgebrochenen Schränkchen unter dem Schriftenstand war alles durchwühlt, die Kommunionpatene doppelt abgebogen, die Weihrauchkörner ausgeschüttet. Das ewige Licht war von den Kapellenschändern mit vollem Bewußtsein ihres religiösen Frevels ausgelöscht worden. Aus allen Umständen geht hervor, daß es sich hier um einen Anschlag auf das Herzstück der

Kapelle, den Tabernakel, die eucharistische Gegenwart Christi – um eine bewußte Schändung und Beleidigung der religiösen Gefühle handelt. Man wurde gleichsam an ein Wort der Hl. Schrift erinnert: „Wenn ihr an heiliger Stätte den Greuel der Verwüstung seht . . ." (Mt 23). Nachdem die Polizei am 4. und 5. Juni ihre Untersuchungen durchgeführt hatte, wurde die Kapelle wieder in Ordnung gebracht.

Dieser Anschlag auf den religiösen Charakter der Kapelle hat die religiöse Überzeugung aller Freunde der Kapelle zutiefst verletzt.

Am Samstag wurde die erste Sühnemesse gehalten. Seitdem haben alle, denen die Sühne für die Gottesschändung ein Anliegen ist, sowohl aus der Pfarrgemeinde wie auch zahlreiche andere Pilger in Sühnegottesdiensten sich bemüht, den Frevel gutzumachen. Der sakrilegische Anschlag gegen die Kapelle Marienfried wurde mit vermehrter Liebe und Treue gegen Jesus und Maria beantwortet.

Am 25. Juni 1970, dem 24. Jahrestag der letzten Erscheinung, hat man den ersten der Verbrecher gefaßt und kurz darauf die anderen drei. Die Fügung, daß gerade am 25. Juni die Verbrecherbande gefaßt wurde und daß gleichzeitig an diesem Tag die Erkenntnis und der Entschluß reifte, dem Anschlag des Bösen ein hochherziges Angebot der Liebe und der Sühne entgegenzusetzen, geht sicher zurück auf die besondere Führung der göttlichen Vorsehung.

Am 25. Juni kam aus eigenem Antrieb ein Priester des Engelwerkes, Pater Michael Prader aus Scheffau/Tirol, um in der Kapelle Marienfried eine Sühnemesse zu feiern. Zu diesem Zweck kam ich an diesem Tag auch nach Marienfried und war Zeuge dieser einmaligen nächtlichen Sühnestunde, die sich bis in die Mitternacht hinzog. Zu uns gesellten sich, ohne daß sie von diesem Vorhaben vorher etwas wußten, ca. 50 Pilger aus der Gegend von Memmingen sowie eine Anzahl Leute aus Pfaffenhofen und Umgebung. Bei diesem Sühnegottesdienst trugen sie dem Heiland und der Gottesmutter das Angebot und die inständige Bitte vor:

1. Als Antwort auf die Schändung und Entweihung des Heiligtums und den Anschlag auf die eucharistische Gegenwart Christi im Sakrament Seiner Liebe wollen sie den Bischof bitten, daß er hier eine Stätte der Anbetung und Sühne errichte, deren Schwestern diesen Gnadenort betreuen sollen und mit Ewiger Anbetung und Sühne das erfüllen, was die Mutter Gottes am 25. Juni 1946 gewünscht hat: ,,Es geht heute nur darum, daß dem Ewigen Ehre und Sühne werde."

2. Es sollen sich alle durch dieses Ereignis aufgerufen wissen, der Oberflächlichkeit, Ehrfurchtslosigkeit und dem Gebetsschwund in unserer Zeit ,,die Schilderhebung des inneren Lebens" – die Anbetung des Allerheiligsten und bewußtes Gebetsleben entgegenzusetzen.

Soweit möglich, sollen alle Ersatz leisten durch erhöhte Liebe, Sühne und Ehrfurcht. Die Schönstattfamilie Pfaffenhofen wird am Vorabend des 18. jeden Monats, also am 17. jeweils von 19 bis 21 Uhr und am 18. von 13 bis 16 Uhr regelmäßig in Marienfried Anbetung halten. Sooft es dem Einzelnen möglich ist, soll er auch werktags das hl. Meßopfer mit ganzem Herzen mitfeiern und in echter Opfer-, Liebes- und Aufgabengemeinschaft mit Jesus und Maria sein Leben gestalten.

In der Botschaft vom 25. Juni 1946 heißt es: „Meine Kinder müssen den Ewigen mehr loben und preisen und IHM danken. Dafür hat ER sie ja erschaffen: Zu Seiner Ehre!"

3. Der Priester des Engelwerkes hat im Einvernehmen mit dem Pfarrer des Ortes bei der Sühnemesse um 23 Uhr das Heiligtum Marienfried und seine Umgebung den hl. Engeln geweiht. Sie sollen das Heiligtum ihrer Königin hüten und ihren König in der Gestalt des Brotes bewachen und für Seine Ehre und Verherrlichung Sorge tragen. Auch im Preisgebet der heiligen Engel vom 25. Juni 1946 hören wir den Aufruf: „Dir werde Anbetung und Sühne und Preis." Es sollen alle bewußt dieses Anliegen der heiligen Engel in Marienfried und zu Hause fortsetzen.

Als besonderen Liebesanspruch erbaten die Teilnehmer der Sühnemesse die Bekehrung der Täter. Wie der Schächer am Kreuz mögen sie die Gnade der Umkehr – das innere Wunder der seelischen Umwandlung – erfahren.

Alle Freunde von Marienfried mögen in diesen vorgetragenen Anliegen mitbeten und mitsühnen, damit die rechten Entscheidungen für die Weiterentwicklung von Marienfried gefällt werden können.

Es scheint, als sei dieses Ereignis ein Fanal, um alle wachzurütteln. Es ist wie wenn ein Tor aufgestoßen worden wäre für die gottgewollte Sendung und Entfaltung von Marienfried.

Bischof Graber spricht zu den Pilgern in Marienfried

Bischof Stimpfle von Augsburg am 2. Mai 1976 in Marienfried

Weihegebet,

welches in der Sühnenacht vom 25. Juni 1970 während der Hl. Messe vom Priester des Engelwerkes gebetet wurde:

> EWIGER Vater,
> verherrliche Deine Unbefleckte Tochter
> und offenbare die Herrlichkeit der Krone,
> welche sie von Dir empfangen hat.
>
> HERR JESUS CHRISTUS,
> geopfertes Lamm, Hoherpriester der Welt,
> verherrliche Deine Unbefleckte Mutter
> und offenbare die Herrlichkeit der Krone,
> welche sie von Dir empfangen hat.
>
> HEILIGER GEIST
> verherrliche Deine Unbefleckte Braut
> und offenbare die Herrlichkeit der Krone,
> welche sie von Dir empfangen hat.
>
>> Ihr Unbeflecktes Herz sei unser Kelch,
>> in dem wir unsere Antwort geben,
>> die Du heute von uns erwartest
>> auf das schreckliche Sakrileg,
>> das am Vorabend des Festes
>> des heiligsten Herzens JESU
>> verübt worden ist.
>> Wir ahnen, warum dieses Verbrechen
>> hier geschehen ist.
>> Die Mittlerin aller Gnaden
>> schöpft alles aus dem GOTTHERZEN,

im heiligen Opfer, das wir täglich tausendfach
in der heiligen Kirche darbringen dürfen.
Die Altäre in unseren Kirchen sind der Tisch
unter dem Kreuze.
Das heilige Opfer ist die Gegenwärtigsetzung
des Kreuzesopfers.
Der kostbare Leib und das kostbare Blut
sind die Frucht des Kreuzes, welche durch
jede heilige Wandlung auf unseren Altären
gegenwärtig werden als das Brot des Lebens,
für alle Menschen und Völker.
Hier schöpft die Gnadenvermittlerin immer neu,
was sie erbitten darf.
Deshalb wurde hier das Allerheiligste
geschändet,
deshalb sollte es aus der Gnadenkapelle
verschwinden.
Heilige Vermittlerin aller Gnaden,
durch Dein Unbeflecktes Herz laß uns dem
VATER und dem SOHNE und dem HL. GEISTE
die kindliche Antwort geben:
Wir wollen mit Dir den HERRN
um die Gnade bitten, daß die Täter
wie einst der Schächer
die Gnade der Umkehr erfahren.
Wir wollen Deinen Bischof bitten,
daß er hier eine Stätte der Anbetung
und der Sühne errichte,
deren Schwestern diesen Gnadenort betreuen
sollen
und mit ewiger Anbetung und Sühne das erfüllen,
was Du, o Mutter aller Gnaden, gewünscht hast.
Wir wollen das Heiligtum der großen
Gnadenmittlerin den heiligen Engeln weihen,

damit sie es hüten als ihr Heiligtum
und ihren König in der Ohnmacht des Brotes
bewachen und verherrlichen.
Du wunderbare Mutter und Königin,
nimm diese Bitte entgegen und reiche sie weiter
an den VATER, durch Unseren HERRN,
Deinen SOHN,
in der Einheit des HEILIGEN GEISTES!
Zu seiner Ehre,
nach Seinem Willen
und in Seiner Liebe!
Und so weihe ich diese Kapelle
und ihre Umgebung
in der Kraft meiner priesterlichen Vollmacht
und im Einvernehmen mit dem Herrn Ortspfarrer
den heiligen Engeln.

Im + Namen des VATERS
und + des SOHNES
und + des HEILIGEN GEISTES! Amen.

ANHANG

Festpredigt

anläßlich des Gebetstages der Blauen Armee Mariens in Marienfried am 25. Juli 1976, von Bischof Dr. Rudolf Graber

Marienfried begeht heuer ein Jubiläum. Vor fast einem Menschenalter, genau vor dreißig Jahren, am 25. April, am 25. Mai und am 25. Juni 1946 soll die Gottesmutter hier erschienen sein. Ich sage ausdrücklich

„soll", weil ich dem kirchlichen Urteil nicht vorgreifen will. Das gilt für meine ganzen Ausführungen. Trotzdem können wir eines tun. Wir werden das, was Maria damals sagte, untersuchen und einer Prüfung unterziehen, einmal, ob das von Maria Gesagte nicht der großen allgemeinen Offenbarung widerspricht, und wenn das der Fall wäre, dann müßten die Akten über Marienfried geschlossen werden. Das ist nicht geschehen. Man kann aber noch etwas anderes tun. Man kann das, was vor dreißig Jahren gesagt wurde, mit unserer Gegenwart vergleichen. Sollte sich herausstellen, daß vieles auf unsere Zeit zutrifft, so ist damit zwar auch noch nicht der übernatürliche Charakter der sogenannten Offenbarung bestätigt, aber es ist doch ein Hinweis gegeben für das Verständnis unserer Zeit und darüber hinaus eine Mahnung oder Warnung, die wir ernst nehmen sollen. Ich betrachte dann die Texte rein literarisch und nehme sie so, wie ich z. B. Nietzsche zitiere mit seiner Voraussage des europäischen Nihilismus, Dostojewski mit seinem Wort „Der Westen hat Christus verloren, daran muß er zugrunde gehen", oder den Spanier Donoso Cortés, der die „heilsame religiöse Erneuerung Europas für unwahrscheinlich" hält, oder Anna Katharina Emmerich, die 1820 schaute, wie viele Menschen mit weißen, blau eingefaßten Schürzen und Kellen im Gürtel die Peterskirche in Rom einzureißen versuchten. Ich werde nie und nimmer sagen, daß alle diese Aussagen übernatürlichen Ursprungs sind, aber ich werde sie alle sehr ernst nehmen und werde sie prüfen an der Zeitsituation. Niemand kann mir verbieten, das auch bei Marienfried zu tun, wobei ich betone, daß damit gar nichts über die Übernatürlichkeit dieser sogenannten Offenbarungen ausgesagt ist. Wir betrachten sie rein als Produkte des Jahres 1946 und interpretieren sie im Blick auf das Jahr 1976.

Beginnen wir mit dem beherrschenden Ausdruck: ,,Ich bin die große Gnadenvermittlerin", ein Wort, das heute bei vielen auf Ablehnung stößt. Aber das Wort ,,Mittlerin" ist sanktioniert durch das Konzil,[1] und was noch schwerer wiegt, das Konzil beruft sich in den Anmerkungen auf die Lehre der Päpste Leo XIII. und Pius X., Pius XI. und Pius XII. Nebenbei bemerkt, ich habe den Eindruck, daß so manche, die heute das Konzil ablehnen wegen seines angeblichen Modernismus, sowohl die Texte nicht genau studiert und noch weniger die zahlreichen Anmerkungen beachtet und nachgeschlagen haben. Das Konzil verarbeitet mehr Tradition als wir ahnen. So sagte Leo XIII.: ,,Sie, die einst Gehilfin war im Geheimnis der Erlösung des Menschengeschlechts, sollte nun auch zur ,,Ausspenderin werden aller Gnaden . . . und zu diesem Zweck wurde ihr eine fast unermeßliche Macht verliehen".[2] Pius IX. und Pius X. nennen Maria ,,die mächtige Mittlerin und Versöhnerin der ganzen Welt"[3] und Pius XII., der marianische Papst, sagt: ,,Christus, der einzige Mittler zwischen Gott und den Menschen, hat sich seine Mutter an die Seite geholt als Fürsprecherin der Sünder, als Verwalterin und Vermittlerin der Gnade". Marienfried steht zum Konzil und zur Tradition. Dazu kommt noch folgendes. Es sind heuer 100 Jahre verflossen, seit die hl. Katharina Labouré zu Gott heimging. Sie ist die Heilige der wunderbaren Medaille. Maria sagte damals zur jungen Klosterfrau: ,,Die Strahlen (die von Mariens Händen ausgingen) sind ein Sinnbild der Gnaden, die ich über jene ausgieße, die mich darum bitten".[4] Marienfried ist die Fortsetzung von Paris 1830 in der Rue du Bac. Die Kirche hatte im alten Missale in den ,,Messen für bestimmte Orte" sowohl ein Formular zu Ehren Mariens als Mittlerin aller Gnaden (8. Mai) und sogar ein Formular zu Ehren der unbefleckt Empfangenen von der heiligen Medaille (27. November). Es ist sehr zu bedauern, daß diese Messen ins neue Missale nicht mehr aufgenommen wurden.

Was sich aus all dem für uns ergibt, ist dies, daß wir mehr als bisher Maria als die Große Gnadenmittlerin anrufen.

Der großen Gnadenvermittlerin tritt entgegen der Teufel, der ,,Stern des Abgrundes" genannt wird. Man hat in dieser Bezeichnung einen Hinweis auf Apk 9,1 erblicken wollen, wo der Seher einen Stern vom Himmel auf die Erde fallen sieht, der nun seinerseits den Schacht zur Unterwelt öffnet und ein dämonisches Heer in Form von Heuschrecken oder Skorpionen entfesselt. Vielleicht müßte man auch an das erste Henochbuch – um ungefähr 70 vor Christus entstanden – denken, wo sieben Himmelssterne in den Abgrund hinabgestoßen im Feuer brennen.[5] Marienfried glaubt an den Teufel, es hat somit den Teufel nicht verabschiedet, wie man es heute lesen kann,[6] aus dem einfachen Grund, weil es sich leichter und fröhlicher leben läßt ohne Sünde, Teufel und ohne Hölle. Tu, was du willst und genieße das Leben. Wir haben soviel abgeschafft, nun geben wir auch dem Teufel den Abschied. Wie sagte Papst Paul am 29. Juni 1972: ,,Der Rauch Satans ist durch irgendeinen Riß in den Tempel Gottes eingedrungen", d. h. in die Kirche. Marienfried steht zum Papst.

Und wir sollten sehr aufmerksam sein auf das, was hier über den Teufel gesagt wurde. Wenn hier von ,,Tagen der Dunkelheit" gesprochen wird, deckt sich das nicht vollständig mit dem, was der Heilige Vater von der ,,Stunde der Finsternis"[7] und von der ,,Nacht ohne Sterne" sagt,[8] die sich heute über die Menschheit herabsenkt? Aber wichtiger als dies ist folgendes. Wenn man Marienfried genau studiert, dann ist es die Interpretation von Apokalypse 12, wo ,,der große, rote Drache" Krieg führt gegen die sonnenumkleidete Frau und sie und ihr Kind zu vernichten sucht. Wie heißt es hier? ,,Der Stern des Abgrundes wird wütender toben denn je und furchtbare Verwüstungen anrichten . . . der Teufel wird nach außen eine solche Macht bekommen, daß alle, die nicht fest in mir (in Maria) gegründet sind, sich täuschen lassen . . . der Teufel weiß die Menschen zu blenden, daß sich sogar die Besten täuschen lassen." Ich frage mich allen Ernstes, ob nicht dies bereits eingetreten ist. In der Unmenge von Briefen, die ich erhalte, kehrt immer die Frage wieder: Was sollen wir noch glauben? Ist alles falsch, was wir früher getan haben? – Man hat heute ein wunderbares Wort erfunden, um diesen Zustand der Verwirrung noch zu rechtfertigen, und dieses Zauberwort heißt Pluralismus. Damit kann ich heute alles begründen. Wenn der eine den Teufel leugnet und der andere – und das ist der Papst in seinem Credo des Gottesvolkes – vom Feuer spricht, das niemals erlischt, so ist das Pluralismus. Wenn der eine der Kirche die Unfehlbarkeit abspricht und der Papst bekennt, daß die von Christus gegründete Kirche unfehlbar ist, so ist das eben Pluralismus. Wenn der eine in der heiligen Messe nur ein Mahl sieht und der andere mit dem Papst darin auch ein Opfer, so ist das Pluralismus. Wenn für den einen Christus nur ,,ein persönlicher Botschafter, Treuhänder, Vertrauter, Freund Gottes" ist, für uns aber der wahre Sohn Gottes, das ewige Wort, gezeugt vom Vater vor aller Zeit und wesensgleich mit ihm, so ist das Pluralismus. Wenn für die einen die Kirche eine Sammelbewegung für soziale Revolution, für Befreiung vom Kolonialismus und für teilhardinische Evolution, und für die anderen das pilgernde Gottesvolk, das sich vollendet jenseits aller Zeitlichkeit in der ewigen Herrlichkeit, so ist das auch nur Pluralismus. Wenn das alles so ist, dann ist Wahrheit Lüge und Lüge Wahrheit, dann sperren wir die Kirchen zu und rufen: Tu, was du willst und alles ist gut. – Noch etwas ist in diesem Zusammenhang auffallend. In der Apokalypse wird von der sonnenumkleideten Frau gesagt, daß sie vor dem Drachen *in die Wüste floh* (612, 6; 14). In Marienfried werden Maria die Worte in den Mund gelegt: ,,Ich muß mich mit meinen Kindern zurückziehen". Erinnert das nicht an einen Buchtitel, der da lautet: ,,Abschied von Maria",[9] allerdings mit einem Fragezeichen versehen. Ich frage mich: Besteht nicht ein innerer Zusammenhang, wenn man auf der einen Seite dem Teufel den Abschied gibt und auf der anderen Seite der Gottesmutter? Maria ist nun einmal seit den Tagen des Paradieses zum Gegenpol der Schlange gesetzt. Zu denen, die Maria den Abschied geben, rechne ich auch die Befürworter von ,,Ave Eva". Mögen sie tausendmal uns versichern, daß sie durch dieses Stück Maria gerade in unsere Gegenwart hineinstellen wollen, sie sollen uns zeigen, ob auch nur einer, der dieser Aufführung beiwohnte, in seiner Liebe zu Maria gewachsen ist und sich zum Rosenkranzgebet entschlossen habe; mögen sie tausendmal darauf hinweisen, daß in diesem Stück kein einziges Dogma direkt geleugnet werde – ich gebe es zu, aber Dogmen sind keine mathematischen Lehrsätze, sondern umschreiben übernatürliche Wirklichkeiten, denen ich mich nur mit unbegrenzter Ehrfurcht nahen darf. Daß man dies heute übersieht, zeigt schon, wie tief die Spaltung in der Kirche ist und daß nicht bloß der Rauch Satans, sondern er selber eingebrochen ist in das Allerheiligste und selbst die Besten zu blenden versteht. Enthüllt Marienfried nicht schauerlich unsere Zeit?

Wir haben vorhin davon gesprochen, daß Marienfried bestätigt, was Maria 1830 zur hl. Katharina Labouré gesagt hat. Marienfried unterstreicht auch die Botschaft von La Salette.[10] In der Bergeinsamkeit der Dauphiné beklagt 1846 Maria, daß sie ,,gezwungen ist, den Arm ihres Sohnes fallen zu lassen; er laste so schwer, daß sie ihn nicht mehr länger zurückhalten vermag". In Marienfried ist das angekündigte Strafgericht eingetreten. ,,Der Vater goß seine Zornesschale über die Völker, weil sie seinen Sohn verstoßen haben . . . Die Welt muß den Zornesbecher bis zur Neige trinken wegen der unzähligen Sünden, wodurch sein Herz beleidigt wird." In Lourdes 1858 hatte Maria sich Bernadette gegenüber als die Unbefleckte Empfängnis ausgegeben. In Marienfried wird der Immaculata-Rosenkranz empfohlen. Durch Mariens Unbefleckte Empfängnis erfolgt die Rettung und Heiligung unseres Vaterlandes. So ist es nicht verwunderlich, daß Marienfried auch die Botschaft von Fatima aufgreift. Damals in Portugal hat die allerseligste Jungfrau am 13. Juli klar und eindeutig die Alternative aufgezeigt. Entweder erfüllt man ihre Bitte um die Weihe Rußlands an ihr unbeflecktes Herz und die Sühnekommunion am ersten Samstag des Monats oder aber es gibt Krieg, Verfolgung der Kirche: ,,die Guten werden gemartert, der Heilige Vater wird viel zu leiden haben, mehrere Nationen werden vernichtet". Aber dann doch der tröstliche Ausblick: ,,Am Ende wird mein Unbeflecktes Herz triumphieren."

Marienfried spricht von den ,,blutigsten Tagen", die kommen werden, es spricht vom Teufel, der ,,meine Kinder verfolgt". Aber auch hier bricht immer wieder die Hoffnung durch auf den Sieg Gottes: ,,Der Stern wird mein Zeichen verfolgen. Mein Zeichen aber wird den Stern besiegen." Es ist ein gigantischer Kampf, der da entbrennt, in dem gerade dieses Zeichen Mariens eine große Rolle spielt: ,,Viele haben sich um mein Zeichen geschart . . . einige ließen sich mein Zeichen schon eindrücken und es werden immer mehr werden . . . Mein Zeichen ist im Erscheinen. So will es Gott. Nur meine Kinder erkennen es, weil es sich im Verborgenen zeigt . . . Wählt euch mein Zeichen, damit der Dreieinige bald von allen angebetet und geehrt wird . . ." Und wieder: ,,Wählt euch mein Zeichen, damit dem Dreieinigen bald die Ehre werde." Das sind rätselhafte Worte. Was ist mit diesem Zeichen gemeint? Beim Propheten Ezechiel (9, 4; 6) werden all die mit dem Zeichen Tau, einem Kreuz auf der Stirn, gekennzeichnet, die ,,wehklagen über alle Greuel, die in ihrer Mitte begangen werden"; und deshalb bleiben sie verschont von Tod und Vernichtung, und ähnlich sind in der Apokalypse die 144 000 auf der Stirne mit dem Namen des Vatergottes besiegelt, die ,,dem Lamme folgen, wohin es geht" (14, 1; 4). Ist Maria aber nicht selbst das ,,große Zeichen", das am Himmel erscheint, wie es in der Apokalypse heißt (12)? Damit stimmt Marienfried wieder überein: ,,Ich bin das Zeichen des lebendigen Gottes. Ich drücke mein Zeichen meinen Kindern auf die Stirne. Der Stern wird mein Zeichen verfolgen. Mein Zeichen aber wird den Stern besiegen." Jedenfalls das eine ist sicher: Wir scharen uns um das Zeichen des lebendigen Gottes, um Maria.

Aber das hat Konsequenzen. Damit berühren wir jenen Teil von Marienfried, der ernste Forderungen an uns stellt. Bisher verlief alles doch einigermaßen gut, und die verkündete Zornesschale und der Zornesbecher trifft ja doch die anderen, nicht uns, die wir uns ja ein klein wenig pharisäerhaft geborgen wissen unter dem Schutzmantel Mariens und denen der Sieg über den Stern des Abgrundes verliehen ist. Aber nun geht es uns, gerade uns an. Es heißt: ,,Die Welt wurde meinem unbefleckten Herzen geweiht, aber die Weihe ist vielen zur furchtbaren Verantwortung geworden. Ich verlange, daß die Welt die Weihe lebt." Wegen dieses einzigen Wortes möchte ich Marienfried für echt halten, weil es endlich einmal den Finger auf das Entscheidende legt, das so gar nicht nach unserem Geschmack ist. Ist es nicht so, daß wir uns dauernd an der unteren Grenze herumbewegen, d. h. das tun, was noch gerade angängig ist, und daß wir immer wieder Weiheformeln herunterbeten – und meinen, das genüge schon, anstatt uns bewußt zu sein, daß es hier um Tod und Leben geht – und gerade das sagt uns unverblümt Marienfried. ,,Stellt euch restlos zu meiner Verfügung . . . Bringt mir viele Opfer . . . Meinen Kindern will ich Kreuze aufladen, schwer und tief wie das Meer. . . . Ich bitte euch, seid bereit zum Kreuztragen . . ." Das klingt ganz anders, als man uns heute vormacht. Wird heute nicht ein Christentum zu herabgesetzten Preisen, gleichsam zum Ausverkauf verkündet? Alles wird leichtgemacht. Das Sonntagsgebot wird von vielen bagatellisiert. Die persönliche Beichte wird durch eine Bußandacht oder eine Generalabsolution ersetzt, das Freitagsgebot ist praktisch aufgehoben. Mit grimmiger Ironie hat Urs von Balthasar diesen heutigen Zustand der Christenheit geschildert: Wir sollten ja nicht meinen, man könne, ,,wenn schon die Schlachtrosse der heiligen Inquisition, des heiligen Offiziums abgeschafft sind, unter Palmenwedeln auf dem sanften Esel der Evolution in das himmlische Jerusalem einreiten."[11] Das steht in dem Büchlein ,,Cordula oder der Ernstfall". Und diesen Ernstfall behandelt Marienfried. ,,Ein schreckensvolles Wehe verkündet der Vater denen, die sich seinem Willen nicht unterwerfen wollen." Dieses Büchlein ,,Cordula" bringt am Schluß ein fingiertes Gespräch zwischen einem Genossen Kommunisten und einem Christen, der dem Kommunisten einzureden sucht, daß ja auch wir für die Weltrevolution, für Freiheit, Gleichheit und Brüderlichkeit sind und der dann das Wort zu hören bekommt: ,,Euer Christentum ist keinen Schuß Pulver wert . . . Ihr habt euch selber liquidiert und erspart uns damit die Verfolgung. Abtreten"[12].

Marienfried ist demgegenüber die Mobilmachung zu Opfer und Kreuz. Da wird nicht herumgeredet und alles verharmlost durch einen aufklärerischen Absud, in dem nur mehr ein paar Glaubenswahrheiten noch herumschwimmen, sondern es wird verlangt und gefordert: ,,Die Apostel und Priester sollen sich mir alle besonders weihen, damit die großen Opfer, die der Unerforschliche gerade von ihnen fordert, zunehmen an Heiligkeit und Wert, wenn sie in meine Hände gelegt werden. Es geht heute nur darum, daß dem Ewigen Ehre und Sühne werde."

Damit stehen wir vor einem letzten Gedanken, der den eben gesagten Satz weiterführt. Wer tritt heute für

Ehre und Sühne dem ewigen Gott gegenüber ein, es geht heute doch fast nur um den Menschen. Selbst der Gottesdienst wird zum Menschendienst. Man muß am Anfang schon die Anwesenden begrüßen und am Schluß ihnen einen schönen Sonntag wünschen. In der Eucharistie wird Christus den Menschen untergeordnet. Wo ist die Anbetung hingekommen, die erste Pflicht, die uns Gott gegenüber obliegt? Der Mensch steht im Mittelpunkt, nicht Gott. Marienfried ist Rückkehr zur Theozentrik. ,,Opfert euch selbst und euer Tun durch mich dem Vater auf . . . Wenn ihr euch restlos dafür einsetzt, will ich für alles andere sorgen". Wie sagte Christus: ,,Suchet zuerst das Reich Gottes und seine Gerechtigkeit und alles übrige wird euch gegeben werden." Ist nicht auch dies eine merkwürdige Übereinstimmung?

Aber fehlen uns nicht die Kräfte, um diese geforderten Opfer zur Sühne und Ehre Gottes zu bringen? Hier schlägt Marienfried etwas vor, was in die tiefste Mystik führt, nämlich die Auswechslung der Herzen.[13] ,,Überall, wo die Menschen nicht auf mein unbeflecktes Herz vertrauen, hat der Teufel Macht, wo aber die Menschen an die Stelle ihrer sündigen Herzen mein unbeflecktes Herz setzen, hat er keine Macht . . . Setzt an die Stelle eurer sündigen Herzen mein unbeflecktes Herz, dann werde ich es sein, die die Kraft Gottes anzieht, und die Liebe des Vaters wird Christus neu in euch zur Vollendung bilden." Sind das nicht wunderbare Worte? Die Mystik führt nicht weniger als 38 Namen auf, bei denen eine solche sogenannte Auswechslung der Herzen erfolgte. Hier bewegt sich die Weisung auf geistigem Gebiet. Das Denken, Fühlen, Handeln und Leiden Mariens soll so sehr in uns Eingang finden, daß wir befähigt werden, Christus in uns zur Vollendung zu bringen. Wir fühlen unwillkürlich, daß wir hier an Geheimnisse rühren, die uns eigentlich erst zeigen, was Christentum in Wirklichkeit ist. Dieser Gedanke taucht bei einem Heiligen auf, den man als den größten Marienverehrer der Neuzeit bezeichnet hat, den hl. Ludwig Maria Grignion von Montfort. Er taucht übrigens noch unter einem anderen Gesichtspunkt in Marienfried auf. Wenn es da heißt: ,,Christus ist deshalb so unbekannt, weil ich (Maria) nicht bekannt bin", so hat schon rund 250 Jahre vorher Grignion geschrieben: ,,Soll also nach Gottes sicherem Ratschluß Jesus Christus in der Welt bekannt werden und herrschen, dann kann dies nur geschehen, wenn zuvor auch Maria bekannt wird und ihr Reich sich ausbreitet." Wenn man heute lange Untersuchungen anstellt über den Rückgang des Kirchenbesuches und den Verfall des religiösen Lebens, dann ist für uns Marienverehrer der Grund klar und einsichtig. Der Abschied von Maria hat zwangsläufig auch die Distanzierung von Christus zur Folge. Darüber sollte es überhaupt keine Diskussion mehr geben.

Schwere Opfer und Kreuze werden uns in Aussicht gestellt. Das klingt nicht gerade nach einem Evangelium, nach einer Frohbotschaft. Sicherlich. Aber *ein* Wort dürfen wir dann doch nicht übersehen. Immer taucht das Wort Vertrauen auf: ,,Dort, wo das meiste Vertrauen ist . . . werde ich den Frieden verbreiten . . . Habt restlos Vertrauen auf mein unbeflecktes Herz. Glaubt, daß ich beim Sohn alles kann . . ." Das Vertrauen wird belohnt. In Fatima sprach Maria: ,,Am Ende wird mein unbeflecktes Herz triumphieren", und hier hieß es: ,,Wenn alle Menschen an meine Macht glauben, wird Friede sein . . . Euer Beten und Opfern wird das Bild des Tieres zertrümmern. Das mir geweihte Opfer wird mir die Macht geben, das Reich des Friedenskönigs zu schaffen." Ich besitze einen Brief der Lucia von Fatima, der letzten noch lebenden Seherin. Lucia hatte diesen Brief am 19. März 1940 dem Bamberger Professor Dr. Ludwig Fischer geschrieben, der Fatima in Deutschland erst bekannt gemacht hatte. Dieser Brief schließt mit den Worten, die ins Deutsche übersetzt so lauten: ,,In meinem armen Gebet vergesse ich Deutschland nicht. Es wird noch zur Herde des Herrn zurückkehren. Dieser Augenblick nähert sich sehr, sehr langam, doch er wird zum Schluß kommen. Und die heiligsten Herzen Jesu und Mariens werden dort mit vollem Glanze herrschen." Merkwürdige Worte. Sind sie eine Weissagung? Ich weiß es nicht. Hier ist nun der Ort, wo ich das Thema dieser Predigt erwähnen muß: ,,Die Zeit Mariens ist im Kommen." – Nach dem was wir gesagt haben, ist Maria im Kommem. Sie ist im Kommen, auch bei unseren evangelischen Freunden. Der evangelische Pfarrer Richard Baumann hat zwei Bücher geschrieben: ,,Marias Stunde kommt"[14] und ,,Mit Maria in die Zukunft."[15] ,,Auf daß dein Reich komme, Herr, laß das Reich Mariens kommen",[16] sagt Grignion.

Alles, was wir bisher hörten, hat uns in dem Gedanken bestärkt, daß Marienfried nicht nur nichts enthält, was gegen die Offenbarung Gottes ist, sondern daß es sich in die marianische Tradition der Kirche einfügt und wertvollste Einblicke in unsere Situation gibt. Dazu kommt ein Letztes. Immer wieder müssen wir uns mit dem Vorwurf auseinandersetzen, daß die Marienverehrung den Blick auf Christus versperre und dadurch ein Hindernis sei für unsere ökumenischen Bestrebungen. Marienfried vertritt demgegenüber geradezu die klassische Theologie; denn alles drängt auf den dreifaltigen Gott. Immer wieder begegnen uns die Worte: ,,Der Ewige, der Allmächtige, der Dreieinige, der Unerforschliche, der Wille des himmlischen Vaters, die Liebe des Vaters, der lebendige Gott." Und den Abschluß bildet das unsagbar schöne und tiefe Preisgebet zum Dreifaltigen Gott, das seinesgleichen in der Geschichte der Mystik sucht. Es ist ein Echo jenes apokalyptischen Gesanges, den die große Schar, die niemand zu zählen vermag, mit den Engeln und den Ältesten, niedergeworfen vor dem Thron, betet: ,,Heil unserem Gott, der auf dem Throne sitzt und dem Lamm . . . Lob und Herrlichkeit, Weisheit und Dank, Ehre, Macht und Stärke unserem Gott in alle Ewigkeit." Marienfried gibt diesem Preisgesang den marianischen Akzent. Maria steht hier für uns. Sie bringt dem ,,ewigen Herrscher, dem geopferten Gottmenschen, dem Geist des Ewigen, dem allzeit Heiligkeit Strömenden Anbetung, Lobpreis, Ehre Sühne und *Preis*, Herrlichkeit dar". Und diese Klänge der Ewigkeit, die hier vor dreißig Jahren ertönten, umgeben uns unhörbar bei der Wandlung. Aber einmal werden auch wir einstimmen dürfen in diesen marianischen Lobgesang des dreifaltigen Gottes.

Anmerkungen

1. Dogmatische Konstitution ,,Lumen gentium" Nr. 62
2. ,,Adjutricem populi" vom 5. September 1895; vgl. auch ,,Supremi Apostolatus" vom 1. September 1883 und ,,Superiore anno" vom 30. August 1884 (bei Rudolf Graber, Die marianischen Weltrundschreiben der Päpste in den letzten hundert Jahren, Würzburg 1954[2])
3. ,,Ineffabilis Deus" vom 8. Dezember 1954; ,,Ad diem illum laetissimum" vom 2. Februar 1904 (bei Rudolf Graber, aaO)

4. M. Cuylen, Maria schenkt der Welt die wunderbare Medaille, Freiburg/Schweiz–Konstanz–München 1949, S. 35
5. Paul Riessler, Altjüdisches Schrifttum außerhalb der Bibel, Augsburg 1928, S. 369
6. Herbert Haag, Abschied vom Teufel, Einsiedeln 1969
7. Ansprache Papst Pauls VI. vom 7. April 1967
8. Ansprache Papst Pauls VI. vom 31. Oktober 1975
9. P. Georg Söll SDB, Abschied von Maria? Donauwörth 1974
10. E. W. Roetheli, La Salette, Olten und Freiburg i. Br. 1952
11. Hans Urs von Balthasar, Cordula oder der Ernstfall, Einsiedeln 1966
12. ebd. S. 111–113
13. Vgl. Ludwig Fischer, Von verborgenem Heldentum, Aschaffenburg 1925, S. 31
14. Richard Baumann, Marias Stunde kommt, Aschaffenburg 1974
15. Richard Baumann, Mit Maria in die Zukunft, Leutesdorf am Rhein 1975
16. Ludwig Maria Grignion von Montfort, Das goldene Buch der vollkommenen Hingabe an Jesus durch Maria, Freiburg/Schweiz 1966, S. 211

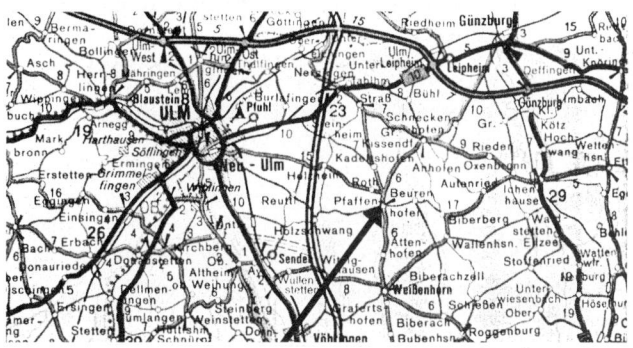

Pfaffenhofen/Marienfried liegt 15 km südöstlich von Ulm/Donau an der Staatsstraße 2020. Von Neu-Ulm nach Pfaffenhofen besteht eine Busverbindung. In Pfaffenhofen bei der Kreuzung (Gasthaus »Taverne«), ist der Weg beschildert. Zu Fuß benötigt man von Pfaffenhofen nach Marienfried ca. 10 Minuten. Anfragen betreffs Gottesdienste, Unterkunftsmöglichkeiten etc. direkt an Marienfried e.V., Marienfriedhaus, D-7911 Pfaffenhofen (Telefon 0 73 02 / 64 33).

Schriften über die Botschaft von Marienfried:

Josef Künzli

Die Erscheinung in Marienfried   114 S., 8 Bilder DM 7.80

Französische Ausgabe:
Les apparitions de Marienfried   88 Seiten, DM 6.80

Italienische Ausgabe:
Le Apparizioni di Marienfried   110 Seiten, DM 6.80

Gebetstexte und Gebetszettel:

Nr. 310 Botschaft an die Welt, 8 Seiten,
   1 Stück DM 0.25; 100 Stück DM 17.50

Nr. 301 **Immaculata-Rosenkranz mit Hymnus an die Heiligste Dreifaltigkeit** 4 Seiten,
   1 Stück DM 0.10; 100 Stück DM 7.—

Nr. 312 **Herzenstausch mit Maria und Jesus** 4 Seiten,
   1 Stück DM 0.10; 100 Stück DM 7.—

Spruchkarten:

Mit Texten aus der Botschaft von Marienfried gibt es 15 verschiedene Spruchkarten. (Bestell-Nr. 110-125).
   Preis der einzelnen Karte   DM 0.15
   Preis der ganzen Serie, Nr. 110-125   DM 2.—

Postkarten, 4farbig

Nr. 301 **Wunderbare Mutter,** Gnadenbild,   DM 0.50
Nr. 302 **Engel beten mit Maria den Hymnus**   DM 0.60

MIRIAM · VERLAG · D-7893 JESTETTEN